MEXIKANISCH KOCHEN

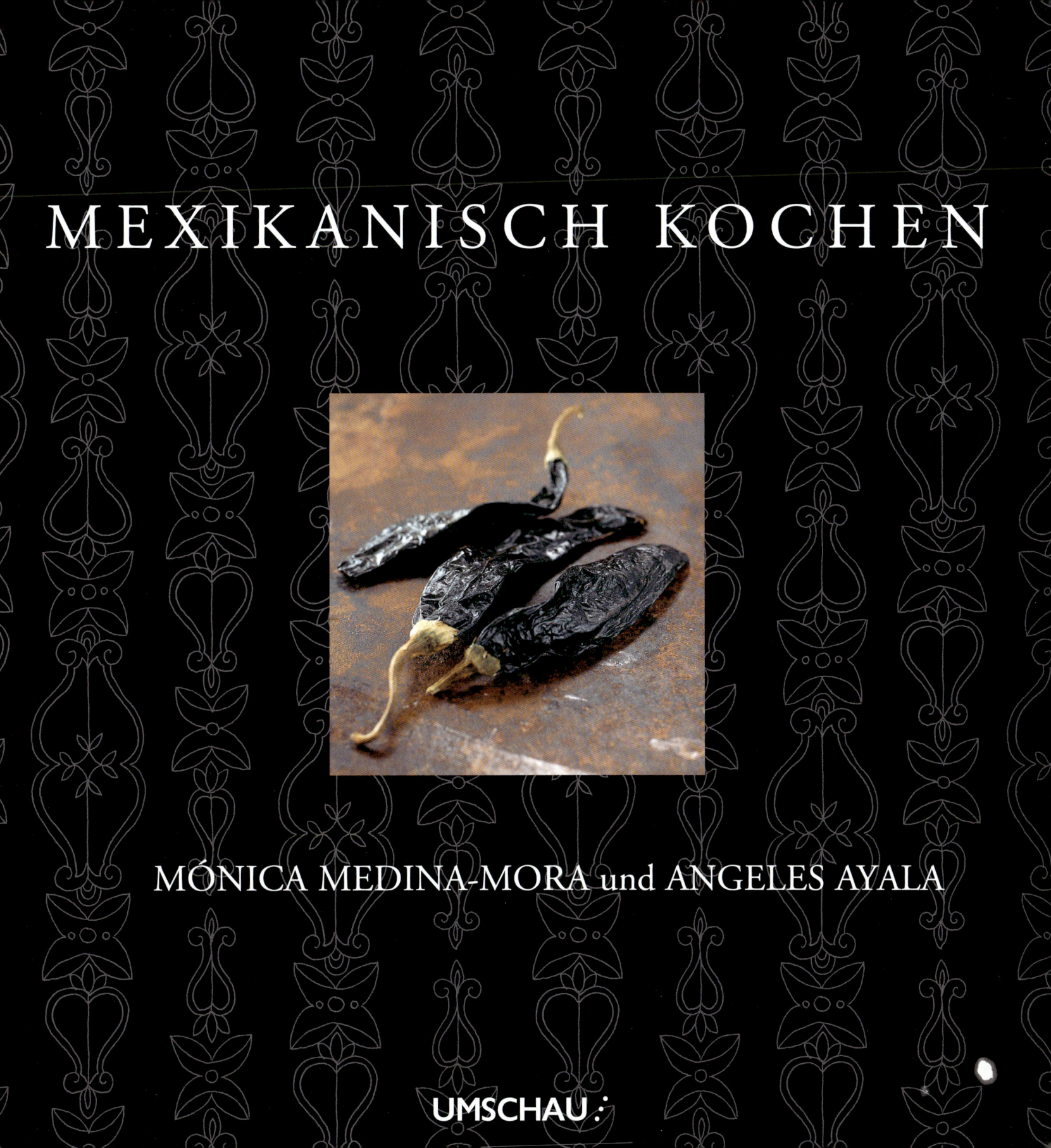

MÓNICA MEDINA-MORA und ANGELES AYALA

UMSCHAU

Hinweis

Die in diesem Buch angegebenen Löffelmaße beziehen sich auf gestrichene Standardlöffel, das heißt:

1 Esslöffel (EL) = 15 ml

1 Teelöffel (TL) = 5 ml

Soweit nicht anders angegeben, werden in den Rezepten mittelgroße Eier verwendet. Einige Gerichte enthalten rohe oder nur leicht gegarte Eier. Schwangere, stillende Frauen, Kranke, Babys und kleine Kinder sowie ältere Menschen sollten diese Gerichte meiden. Einmal zubereitet, sollten sie gekühlt aufbewahrt und rasch verzehrt werden.

Einige Gerichte enthalten Nüsse, Mandeln oder Ähnliches. Menschen, die überempfindlich oder allergisch auf Nüsse reagieren, oder solche, die Gefahr laufen, eine Allergie zu entwickeln, wie Schwangere, stillende Frauen, Kranke, Babys und kleine Kinder sowie ältere Menschen, sollten auf Nüsse und Nussöle verzichten. Außerdem empfehlen wir, die Packungsangaben von vorgefertigten Zutaten sorgfältig zu lesen, weil hier möglicherweise Nüsse, Mandeln oder Ähnliches enthalten sein können.

Backöfen sollten auf die angegebene Temperatur vorgeheizt werden. Bei Heißluftöfen bitte die Herstellerangaben zur Anpassung der Temperatur berücksichtigen.

Sofern nicht anders angegeben, sollten frische Kräuter verwendet werden.

Ein Unternehmen der Gruppe Hachette Livre UK

Originalausgabe Großbritannien 2007
Hamlyn, ein Unternehmen der Octopus Publishing Group Ltd
2–4 Heron Quays, London E14 4JP

Copyright © Octopus Publishing Group Ltd 2007

2008 Neuer Umschau Buchverlag GmbH,
Neustadt an der Weinstraße, für die deutsche Ausgabe
2. Auflage 2011

Satz
posi.tiff Dienstleistungen GmbH, Anja Bumb

Druck und Weiterverarbeitung
NINO Druck GmbH

ISBN: 978-3-86528-611-6

Inhalt

Einführung

Bereiten Sie sich auf einige unvergessliche Sinneseindrücke vor, denn die original mexikanische Küche bietet Ihnen einige der aufregendsten kulinarischen Erfahrungen weltweit. Prächtige Farbenvielfalt, faszinierende Aromen, abwechslungsreiche Geschmacksvariationen sowie eine manchmal verblüffende Konsistenz der Speisen verbinden sich zu einem Fest der Sinne. Die Bandbreite an Gerichten, Zutaten und regionalen Spezialitäten, die darauf warten, von Ihnen entdeckt zu werden, spiegeln die lebensfrohe mexikanische Kultur und ihre Ursprünge aus der Zeit vor der spanischen Kolonisation wider.

Grundlagen

Die mexikanische Küche profitiert von der Verarbeitung frischer Zutaten. Mexiko ist nicht nur das Land der zahlreichen Chilisorten, es lieferte auch lange Zeit andere wichtige Zutaten in die Alte Welt: Mais, das als heilig angesehene Grundnahrungsmittel der mexikanischen Ureinwohner, Vanilleschoten, Avocados, Tomaten und die verehrte Kakaobohne – Hauptbestandteil der Schokolade –, die einheimischen Händlern sogar zeitweise als Zahlungsmittel diente. Die Ankunft der spanischen Eroberer bereicherte und erweiterte die nationale Küche mit Schweinefleisch, Rindfleisch, Lammfleisch und Hühnchen, Kichererbsen, Kohl, Zuckerrohr und Zitrusfrüchten. Im Laufe der Zeit vermischten sich die beiden Kulturen und entwickelten eine einzigartige Küche mit einem erstaunlich reichhaltigen Angebot an Gerichten, von denen Sie in diesem Buch eine abwechslungsreiche Auswahl kennen lernen.

Die mexikanische Küche kann stolz von sich behaupten, die Grundlage für regionale Küchen weltweit zu sein, denn sie brachte viele Zutaten mit, die heute alltäglich sind. Die Mittelmeerküche beispielsweise wäre ohne Tomaten undenkbar. Allein die Vorstellung, bei den Desserts auf Schokolade verzichten zu müssen, ist grauenhaft. Und was wäre die südostasiatische Küche ohne die charakteristische Schärfe der Chilischote?

Vielfalt der Regionen

Die Mexikanische Küche ist auch deshalb so aufregend, weil sie regional unterschiedliche Zubereitungsarten, Zutaten und Gewürze in sich vereint. Das Land ist in klar definierte regionale Einheiten gegliedert, die selbstgenügsam ihre vor Ort angebauten Zutaten auf lokale Art zubereiten und nationale Gerichte kreativ verfeinern.

Gesunde Tradition

Ein weniger bekannter Aspekt der mexikanischen Küche ist die Tatsache, dass sie eine reichhaltige Auswahl gesunder und nährstoffreicher Gerichte bietet, die durch gesundheitsfördernde Zubereitung und clevere Kombination einzelner Zutaten ausgewogene Mahlzeiten darstellen. Viele Gerichte werden immer noch auf dieselbe gesunde Art und Weise hergestellt, wie es schon vor der Ankunft der Spanier Sitte war. Dämpfen, Dünsten und Kochen sind weit verbreitete Zubereitungsmethoden. Außerdem wird nichts weggeworfen oder weggeschüttet, die wertvollen Nährstoffe, die sich in der Kochflüssigkeit befinden, bleiben dem Gericht daher erhalten. Ein weiterer Pluspunkt ist die Art der Saucenherstellung, die ohne Zugabe von Butter oder Sahne nur durch Reduzieren oder Andicken mit gemahlenem Korn oder Mais sämig gemacht werden. Aus all diesen Gründen ist die mexikanische Esskultur so hervorragend geeignet, die heutigen Ansprüche an eine Küche für körperliches Wohlbefinden und gesunde Ernährung zu erfüllen.

Kochen, essen und genießen

Die mexikanische Küche wird Ihre Geschmacksknospen erobern, Ihre Gäste begeistern und Ihren kulinarischen Horizont erweitern. Freuen Sie sich darauf, neue Zutaten und Zubereitungsmethoden kennen zu lernen und genießen Sie die Entdeckungsreise in die mexikanische Küche!

Essen auf mexikanische Art

Eine kurze Einführung in die alltäglichen Essgewohnheiten erleichtert Ihnen die Orientierung auf Ihrer Entdeckungsreise zur wahren authentischen mexikanischen Küche und verrät Ihnen viel Wissenswertes über die vorgestellten Gerichte.

Reichhaltiges Frühstück

Die Mexikaner starten in ihren Arbeitstag entweder sehr früh mit einem kleinen Frühstück, bestehend aus Kaffee und süßem Gebäck, oder etwas später mit einem vollständigen *desayuno*.

Dieses vollwertige und nahrhafte Frühstück beginnt mit einer Auswahl an frischem, saisonabhängigem Obst und einem Glas Fruchtsaft. Schon allein die Farbenpracht der Orangen, Erdbeeren, Limetten, Mangos und Papayas wirkt wie ein fröhlicher Weckruf. Der nächste Gang besteht aus Eiern, die in vielen unterschiedlichen Arten zubereitet und von Bohnen in Chilisauce begleitet werden. Spätestens jetzt sind auch alle Geschmacksknospen wach. Dazu isst man warme *tortillas* (Fladenbrot aus Mais) oder knusprige Brötchen, genannt *bolillo*. Diverse süße Gebäckstücke, Kaffee und heißer Kakao runden das Frühstück ab, das einen großartigen Start in den Tag gewährleistet.

Spätes Mittagessen

Da die Hauptmahlzeit selten vor zwei Uhr nachmittags eingenommen wird, wissen die Mexikaner ein ordentliches Frühstück sehr zu schätzen. *La comida* (das Mittagessen) folgt einem althergebrachten Menüplan. Es beginnt immer mit einer Suppe, auf die ein eigenständiges Reisgericht folgt. Das anschließende Hauptgericht besteht aus Fisch oder Fleisch mit Gemüse, Salat und Bohnen nach Belieben. Chilisauce und warme *tortillas* gibt es zu allen Gängen. Das Mittagessen wird mit saisonalem Obst oder einem Dessert abgerundet. Zum Essen werden *aguas frescas* (frische Fruchtsäfte) gereicht. Sie sind hervorragende Durstlöscher und können zu jeder Tageszeit genossen werden.

Leichtes Abendessen

Zwischen acht oder neun Uhr abends wird *la cena* (das Abendessen) serviert, eine leichte Mahlzeit, die manchmal aus einem *antojito* (Snack) besteht oder aus aufgewärmten Speisen, die vom Mittagessen übrig geblieben sind. Im Sommer begnügt man sich mit einem knackigen Salat oder frischem Obst.

Snacks für zwischendurch und für besondere Gelegenheiten

Besonders an Wochenenden oder zu besonderen Gelegenheiten werden *botanas* (Appetithäppchen) vor der eigentlichen Mahlzeit serviert, üblicherweise mit einem Getränk. Typische *botanas* sind *guacamole*, Frischkäse, mariniertes Gemüse und eine Vielzahl verschiedener *antojitos*, wie *tacos, quesadillas* und *tostadas*. *Antojitos* sind auch geeignet, den großen Hunger bis zur nächsten Mahlzeit in Schach zu halten und können „auf der Hand" gegessen werden. Straßenverkäufer bieten meist eine beeindruckende Palette solcher Snacks an improvisierten Verkaufsständen an. Zu jeder beliebigen Tageszeit kann man in Mexiko sicher sein, eine leckere und sättigende Kleinigkeit zu essen zu bekommen.

Der Vorratsschrank

Die besonderen Qualitäten mexikanischer Gerichte basieren auf einer gelungenen Kombination schmackhafter Zutaten, z. B. frische und getrocknete Chilis (manche davon scharf und pikant, andere mild und süßlich); aromatische Gewürze (Zimt, Kreuzkümmel, Gewürznelken und schwarzer Pfeffer); typische Kräuter wie Pazote, Koriander, Oregano und Thymian; Sesam und Kürbiskerne, Mandeln und andere Nüsse; saftige Tomaten, *tomatillos*, Zwiebeln und Knoblauch, manchmal geröstet zur Intensivierung des Aromas; pikanter Käse; saure Limetten und andere Zitrusfrüchte, die den Speisen den richtigen Pfiff und Farbe geben. Kurzum, eine reiche Auswahl an gesunden und nährstoffreichen Gemüsesorten, Blattsalaten, Körnern, Fleisch und eine bemerkenswerte Palette an Fisch und Meeresfrüchten sind die Schätze im mexikanischen Vorratsschrank.

Die meisten der im Folgenden aufgeführten Zutaten sind in Supermärkten erhältlich, während Spezialitäten wie getrocknete Chilis in Fachabteilungen oder Delikatessengeschäften angeboten werden oder per Internet geordert werden können.

AVOCADOS (AGUACATES) Avocados werden in ganz Mexiko in Saucen, *antojitos*, Suppen, Salaten, als Beilagen und Hauptspeisen verwendet. Am besten verarbeitet man sie direkt vor dem Servieren, da das Fruchtfleisch schnell dunkel wird. Einige Spritzer Zitronen- oder Limettensaft bewahren die hellgrüne Farbe. Avocados werden meist unreif angeboten, sie sollten daher frühzeitig eingekauft werden. Reif sind sie mehrere Tage im Kühlschrank lagerfähig. Eine der weltweit beliebtesten Avocadosorten ist die Hass-Avocado mit ihrer knubbeligen, schwarzen Schale. Sie reift gleichmäßig, lässt sich leicht schälen, ist gut lagerfähig und sehr aromatisch.

BOHNEN (FRIJOLES) Zusammen mit Chilis und Mais bilden Bohnen, die reich an Ballaststoffen und Proteinen sind, die Grundnahrungsmittel in Mexiko. Sie sind wichtige Zutaten für viele *antojitos* und werden zu köstlichen und nahrhaften Suppen, Beilagen und Hauptgerichten verarbeitet. Frisch gekochte Bohnen halten sich bis zu einer Woche im Kühlschrank und lassen sich auch gut einfrieren. Es gibt viele verschiedene Arten, die in Größe und Farbe variieren, manche tiefschwarz, andere fast weiß. Eine besonders beliebte Sorte ist die kleine schwarze *frijol negro*, die hauptsächlich im Süden des Landes, der Golfregion und der Yucatan-Halbinsel verwendet wird. Andere beliebte Sorten sind die *pinto*, die purpurrote *flor de mayo* und die hellbraune *bayo*, die in Zentralmexiko gern gegessen wird.

KÄSE (QUESO) Zum Schmelzen gibt es Oaxaca und Chihuahua, die in *antojitos* und Hauptgerichten verwendet werden. Gouda, Mozzarella und milder Cheddar sind ein guter Ersatz. *Queso fresco* ist ein leicht gesalzener Frischkäse, der allein als *botana* (Appetithäppchen) oder gewürfelt bzw. zerbröselt über *antojitos*, Salaten, Suppen und Hauptgerichten serviert wird. Er kann durch griechischen Feta ersetzt werden. *Queso panela* ist ein wenig gesalzener Käse aus Zentralmexiko, der für *antojitos* oder zum Grillen verwendet wird. Er kann durch Büffelmozzarella ersetzt werden.

CHILIS (CHILES) Chilis sind für viele der typischen Aromen, Farben und die Konsistenz der mexikanischen Küche verantwortlich. Sie enthalten Capsaicin, ein Öl, das gut für Herz und Kreislauf ist und den Chilis ihre spezielle Schärfe verleiht. In Mexiko gibt es Chilis in vielen verschiedenen Größen, Formen und Farben, frisch, getrocknet, geräuchert oder eingelegt.

Bei der Handhabung sowohl frischer als auch getrockneter Chilis sollte besondere Vorsicht gelten, das Tragen von Gummihandschuhen wird empfohlen.

Wenn Sie nur ein mildes Chiliaroma für ein Gericht wünschen, kochen Sie eine ganze Chili mit und entfernen Sie sie vor dem Servieren. Für ein etwas schärferes, pikanteres Aroma schneiden Sie die Chili längs auf und entfernen die Kerne samt den hellen Scheidewänden. Das ganz starke, scharfe Chiliaroma erhalten Sie, wenn Sie die Chili komplett einschließlich Kernen und Scheidewänden schneiden und dem Gericht zufügen.

FRISCHE CHILIS (CHILES FRESCOS) Einige der beliebtesten Chilisorten der mexikanischen Küche: Habanero ist die schärfste aller Arten und wird vor allem auf der Halbinsel Yucatan verwendet. Jalapeños, benannt nach Jalapa, der Hauptstadt des Bundesstaates Veracruz, werden besonders in *salsas* und gekochten Gerichten verwendet und sind ideal zum Einlegen. Poblano ist die größte Chili, von grüner Farbe und spitz zulaufend. Diese Sorte wird nur gekocht in Suppen, Reis, Fisch- und Fleischgerichten verwendet, die Haut, Kerne und Scheidewände werden vorher entfernt. Serrano ist eine sehr beliebte, schmale, sehr scharfe Art, die in *salsas, guacamole* und gekochten Gerichten Verwendung findet.

GETROCKNETE CHILIS (CHILES SECOS) Auch an getrockneten Chilis ist eine große Auswahl verfügbar, jede Sorte hat dabei ihr eigenes Aroma und ihre Farbe. Sie werden zusammen mit anderen Zutaten zu Saucen gekocht oder als Gewürz verwendet. Zwei klassische mexikanische Saucen werden mit getrockneten Chilis zubereitet: *Adobo,* eine Würzsauce aus getrockneten Chilis, Kräutern und Essig sowie *Mole.* Für diese gekochte Sauce werden getrocknete Chilis mit weiteren Gewürzen, Samenkörnern, *tortilla,* Obst oder Schokolade gemahlen und gekocht. Oft wird auch Hühner-, Fleisch- oder Gemüsebrühe zugegeben. Achten Sie beim Kauf getrockneter Chilis darauf, dass sie eine glänzende Haut aufweisen und nicht bröselig sind. Getrocknete Poblanos werden je nach Farbe in Ancho (rot) und Mulato (braun) unterteilt. Anchos sind sehr mild, Mulatos eher mittelscharf. Arbol hingegen ist sehr scharf, hat auch getrocknet eine schöne rote Farbe und wird meist in Saucen und Eintöpfen verwendet. Chipotle ist eine über warmem Rauch getrocknete Jalapeño-Schote. Sie ist getrocknet oder als Konserve in Adobosauce erhältlich und verleiht Speisen ein auffallend rauchiges, leicht süßliches Aroma. Guajillo ist mittelscharf und fällt durch eine elegante burgunderrote Farbe auf, die auch daraus hergestellte Saucen kennzeichnet. Pasillas sind lang, schmal und dunkelbraun. Sie können mittelscharf oder sehr scharf sein und werden besonders für Mole-Saucen verwendet.

SCHOKOLADE (CHOCOLATE) Schokolade wird aus dem Samen des Kakaobaumes hergestellt. In Mexiko werden die Kakaobohnen mit Zucker gemahlen und zu Tafeln geformt, häufig werden Zimt, Mandeln oder Vanille zugefügt. Diese Art Schokolade wird zur Herstellung von Getränken verwendet und in geringer Menge der Mole-Sauce zugegeben.

ZIMT (CANELA) Dieses beliebte Gewürz stammt aus der inneren Rinde des Zimtbaumes. Es wird sowohl in herzhaften als auch in süßen Speisen verwendet.

FRISCHER KORIANDER (CILANTRO) Die hocharomatischen Korianderblätter sind reich an Vitamin B, Folsäure und ätherischen Ölen und werden in der mexikanischen Küche viel verwendet. Sie geben *salsas*, Suppen, Salaten und Hauptgerichten einen unverwechselbaren Geschmack. Die Blätter werden üblicherweise kurz vor dem Servieren gehackt.

PAZOTE (EPAZOTE) Dieses hocharomatische, starke Gewürzkraut wird in Mexiko häufig mit Bohnen, Suppen, gekochtem Gemüse und Eintöpfen verwendet. Der Geschmack ist so speziell, dass kein anderes Gewürz als Ersatz dienen kann. Pazote ist in spezialisierten mexikanischen Lebensmittelläden oder über das Internet erhältlich.

MAIS (MAÍZ) Mais ist ein Getreide, das auch heute noch das Grundnahrungsmittel der mexikanischen Küche darstellt, und es wird sowohl

frisch als auch getrocknet verwendet. In der Zeit vor der spanischen Eroberung wurde es nicht nur als Nahrung für den Körper, sondern auch als Nahrung für die Seele betrachtet. Die mexikanischen Ureinwohner opferten Mais und Maisprodukte ihren Göttern.

Getrockneter Mais *(maíz)* wird für die Herstellung von *masa* (Tortillateig) benötigt. Dazu werden getrocknete Maiskörner kurz mit Kalk gekocht, um die Schale zu entfernen und das Getreide leichter verdaulich zu machen. Der Nährwert steigt dabei an. Die gekochten Körner werden dann zu einer Paste vermahlen, aus der der Teig hergestellt wird. In vielen Supermärkten wird *masa harina* (Mehl für Tortillateig) angeboten, aus dem Sie den Teig selbst herstellen können. Alternativ gibt es fertige Tortillas zu kaufen.

Frischer Mais *(elote)* ist der in Mexiko so beliebte Zuckermais. Er hat einen feinen, süßen Geschmack und ist eine gute Vitamin- und Mineralienquelle. Zuckermais wird, gekocht oder geröstet, direkt vom Kolben gegessen, Limettensaft und Chilipulver geben die nötige Würze. Maiskolben werden auch gern in mehrere Teile geschnitten und in Eintöpfen mitgekocht. Frische Maiskörner bereichern Suppen und Gemüsegerichte ebenso wie Kuchen und Brot. Sogar die Hüllblätter werden verwendet, um Lebensmittel zum Kochen darin einzuhüllen.

TOMATILLO Diese leicht säuerliche Frucht, die auch die Mexikanische Grüne Tomate genannt wird, ist von einer pergamentenen Hülle umschlossen. Sie wird entweder roh oder gekocht zur Zubereitung der beliebtesten mexikanischen Saucen, der *salsa verde* und *pipián verde,* verwendet. Achten Sie darauf, feste Früchte zu kaufen, deren Hülle trocken ist und die Frucht eng umschließt. *Tomatillos* werden immer häufiger frisch angeboten, aber auch die konservierte Variante ist verwendbar.

TOMATE (JITOMATE) Reife, frische Tomaten sind schon seit der Zeit vor der spanischen Eroberung Hauptbestandteil vieler mexikanischer Gerichte. Sie sind eine der Hauptzutaten der berühmten *salsa mexicana* und werden roh in Salaten oder gekocht in Suppen, Saucen und Schmorgerichten verwendet. In Mexiko wachsen viele verschiedene Arten, aber die am meisten verwendeten sind die runde Tomate *(jitomate bola)* und die Pflaumentomate *(jitomate guaje).*

NOPALES sind die fleischigen, ovalen Blätter des Feigenkaktus, die besonders in Zentralmexiko sehr beliebt sind. Sie werden gekocht und in Salaten, Suppen, Eierspeisen und Schmorgerichten verwendet. Die in mexikanischen Lebensmittelgeschäften erhältlichen *Nopales* in Gläsern oder Dosen sind eine gute Alternative zu frischen, müssen aber gründlich gewässert werden.

KÜRBISKERNE (PEPITAS) Die Kerne verschiedener Kürbisarten wurden in Mexiko lange vor der Ankunft der Spanier hoch geschätzt. Sie werden geröstet und gesalzen als Snack verzehrt oder gemahlen zum Andicken von herzhaften Speisen verwendet.

SESAMKÖRNER (AJONJOLÍ) Sesamkörner werden in Mexiko verbreitet angebaut und mit ihrem nussigen, leicht süßen Aroma gern geröstet als Salattopping, in *Mole*-Saucen oder zum Andicken herzhafter Speisen verwendet.

Ausstattung

Die meisten Kochutensilien, die in Mexiko schon vor Ankunft der Spanier benutzt wurden, sind auch heute noch in Gebrauch. Mahlstein und -rolle (*metate* und *mano*), Mörser und Stößel (*molcajete* und *mano*), die irdene Tortillapfanne (*comal*), der hölzerne Schneebesen für Schokolade (*molinillo*) und die hölzerne Tortillapresse (*prensa para tortilla*) sind in ländlichen Teilen Mexikos immer noch in Verwendung. Und obwohl die Küchen in den Großstädten längst mit modernen Gerätschaften ausgestattet sind, werden die althergebrachten Kochutensilien dort gerne noch zur Schau gestellt. Die ausgefallensten Gerichte können mit den einfachsten Ausrüstungsgegenständen zubereitet werden und die Töpfe, Pfannen und Küchenwerkzeuge des alltäglichen Gebrauchs reichen aus, alle Rezepte in diesem Buch nachzukochen.

Die folgende Ausstattung wird empfohlen:

DER MIXER ist eines der wichtigsten Werkzeuge in der mexikanischen Küche. Er wird benötigt, um cremige Chilimischungen, Suppen und Saucen herzustellen. Auch für Sorbets, Fruchtshakes und Margarita-Cocktails wird er benötigt.

EINE KÜCHENMASCHINE ist besonders für stückige Saucen unverzichtbar, aber auch zur Verarbeitung größerer Mengen von Gewürzen und Saaten ist sie geeignet.

MÖRSER UND STÖSSEL sind ideal für die Verarbeitung kleinerer Mengen an Gewürzen und Saaten.

SIEBE MIT MITTLERER UND FEINER MASCHENWEITE werden benötigt, um Chilimischungen zu passieren und Flüssigkeiten ablaufen zu lassen. Ein flexibles Nylonsieb ist besonders für säuerliche Zutaten wie Himbeeren oder Tomaten geeignet, die mit Metallen reagieren und die Farbe verändern würden.

EIN KOCHTOPF mit schwerem Boden ist durch die gleichmäßige Wärmeverteilung ideal zum Kochen.

EINE GROSSE PFANNE mit schwerem Boden ist zum Braten oder Sautieren mit gleichmäßiger Wärmeverteilung bei großer Hitze unerlässlich. Auch zum Rösten von Chilis, Tomaten, Zwiebeln und Knoblauch (Seite 14) und zum Backen und Aufwärmen von *Tortillas* eignet sich das Gerät.

EINE GUSSEISERNE GRILLPFANNE wird zum Grillen von Fleisch, Fisch oder Gemüse benötigt.

EIN MESSER mit einer 20-cm-Klinge wird zum Hacken und Schneiden benötigt, eine 10-cm-Klinge bereitet kleinere Zutaten vor und ein Sägemesser ist für Tomaten und Obst geeignet.

EINE KÜCHENZANGE aus Metall wird benötigt, um frische Chilis direkt über der Flamme des Gasherdes zu grillen.

Techniken

Zwar enthält jedes Rezept eine genaue Anleitung, trotzdem erläutern wir hier einige Zubereitungstechniken im Detail, damit Sie möglichst authentische mexikanische Gerichte nachkochen können.

Getrocknete Chilis für Saucen

Entfernen Sie den Stielansatz, die Kerne und die Scheidewände, die bitter schmecken könnten. Rösten Sie die Chilischoten in einer schweren Bratpfanne ohne Öl einige Sekunden bei mittlerer Hitze und legen sie sofort danach für 15–20 Min. in kochendes Wasser. Wenn die Schoten gleichmäßig weich sind, werden sie abgetropft und im Mixer oder der Küchenmaschine mit etwas Einweichwasser zu einer Paste verarbeitet. Je nach Rezept wird das restliche Einweichwasser weiterverwendet. Geben Sie die Chilipaste durch ein Sieb – nicht nur wegen der Konsistenz, sondern auch, um die Bekömmlichkeit zu verbessern. Die Paste wird nach Rezept weiterverwendet.

Rösten frischer Chilischoten

Um die Haut frischer Chilischoten, wie z.B. der Poblanos, zu entfernen, werden die Schoten entweder mithilfe einer Metallzange über der offenen Flamme eines Gasherdes oder in einer schweren Pfanne ohne Öl geröstet. Die Haut muss dunkel sein und Blasen werfen, dann wird die Schote in eine Plastiktüte gelegt, die Tüte mit einem Handtuch umwickelt und 15 Min. beiseitegelegt. Entfernen Sie die gelöste Haut und spülen Sie die Schoten unter fließendem kaltem Wasser ab. Entfernen Sie den Stiel, die Kerne und Scheidewände und tupfen Sie die Schoten vorsichtig trocken.

Das Rösten von Tomaten, Zwiebeln und Knoblauch

intensiviert ihre Aromen. Außen sollten die Gemüse gebräunt, innen noch nicht ganz gar sein. Dafür legen Sie die ungeschälten Tomaten, Zwiebeln in dicken Ringen und ganze Knoblauchzehen in eine schwere Pfanne ohne Öl und rösten sie bei mittlerer Hitze, bis sie weich werden. Dabei öfters wenden.

Gewürze, Saaten und Nüsse zubereiten

In der mexikanischen Küche werden meist Gewürze verwendet, die im Ganzen geröstet und dann staubfein gemahlen werden. Dazu rösten Sie die Gewürze einige Sekunden in einer schweren Pfanne ohne Öl bei mittlerer Hitze. Dies intensiviert nicht nur den Geschmack, sondern auch das Aroma. Mit Saaten und Nüssen wird ebenso verfahren, je nach Rezept werden sie dann im Ganzen, gehackt oder gemahlen weiter verwendet.

Menü-Vorschläge

Aus der großen Auswahl an köstlichen Snacks, Vorspeisen, Hauptgerichten und Desserts lassen sich Menüs für jede Gelegenheit zusammenstellen. Ob für ein Essen im Kreis der Familie oder mit Freunden, Partys, Grillabende oder Sonntagsessen, für jeden Anlass finden sich aufregende und nahrhafte Rezepte in diesem Buch.

LEICHTES MITTAGESSEN

Salat aus jungem Spinat und Champignons *(Seite 121)*

Grüne-Bohnen-Omelette mit Pasilla-Chili-Sauce *(Seite 79)*

Quittenbrot *(Seite 129)*

FAMILIENMENÜ

Tlalpan-Suppe *(Seite 42)*

Hackbällchen in Chipotle-Sauce *(Seite 93)*

Mexikanischer Reis *(Seite 40)*

Süßkartoffel-Ananas-Dessert *(Seite 132)*

FORMELLES MITTAGESSEN

Enten-Tacos *(Seite 87)*

Gemischte Meeresfrüchte *(Seite 65)*

Weißer Reis (ohne Chili) *(Seite 41)*

Himbeersorbet *(Seite 139)*

SONNTAGSFRÜHSTÜCK

Heiße Trinkschokolade *(Seite 156)*

Brot mit schwarzen Bohnen *(Seite 27)*

Pochierte Eier ‚Rabo de mestiza' *(Seite 78)*

Frisches Obst in Gelee *(Seite 135)*

SONNTAGSMENÜ

Fisch-Nopalitos-Salat *(Seite 32)*

Tortilla-Suppe *(Seite 54)*

Schweinefilet in Kürbiskernsauce *(Seite 96)*

Crème Caramel *(Seite 126)*

SOMMERPARTY

Guacamole mit Totopos *(Seite 28)*

Grüner Reis mit Garnelen *(Seite 38)*

Rinderspießchen mit Salsa Mexicana *(Seite 90)*

Nopalitos-Salat *(Seite 116)*

Mariniertes Gemüse *(Seite 118)*

Maiskuchen *(Seite 136)*

GROSSES ESSEN

Guacamole mit Totopos *(Seite 28)*

Pozole-Eintopf mit Schweinefleisch und roter Sauce *(Seite 95)*

Mangosorbet *(Seite 140)*

Walnuss-Karamell *(Seite 133)*

ABENDEINLADUNG

Tostadas mit Jakobsmuscheln *(Seite 35)*

Schwarze-Bohnen-Suppe *(Seite 47)*

Heilbuttfilet mit Chilisauce *(Seite 66)*

Weißer Reis (ohne Chili) *(Seite 41)*

Geröstete Wildbeeren *(Seite 130)*

Snacks und Vorspeisen

Garnelen in Limettensaft

Die Liebe der Mexikaner zu Garnelen zeigt sich in der Vielzahl der regionalen Gerichte, die diese wunderbaren Schalentiere zur Geltung bringen. Für dieses Rezept werden beste Garnelen in frisch gepresstem Limettensaft mariniert. Die Schärfe der Chili sorgt für zusätzlichen Pfiff.

ZUTATEN *400 g gekochte, geschälte Garnelen ‖ 1/4 Zwiebel, fein gehackt ‖ 3 grüne Chilis, entkernt und fein gehackt ‖ 3 EL Limettensaft, frisch gepresst ‖ 3 EL Olivenöl extra vergine ‖ einige Tropfen Worcestershiresauce ‖ 1 EL frische Korianderblätter, fein gehackt ‖ Salz und schwarzer Pfeffer, frisch gemahlen ‖ Totopos (Seite 28), als Beilage*

EINS Die Garnelen auf eine gekühlte Servierplatte legen, die Zwiebel und die Chili darüberverteilen und mit dem Öl und dem Limettensaft beträufeln. Die Worcestershiresauce darübergeben und mit Salz und Pfeffer abschmecken. Mit den Korianderblättern bestreuen.

ZWEI Kalt servieren, dazu Totopos reichen *(Seite 28)*.

Ergibt 4 Portionen

NÄHRWERTE JE PORTION 780 kJ – 187 kcal – 23 g Protein – 1 g Kohlenhydrate – 1 g Zucker – 10 g Fett – 2 g gesättigte Fettsäuren – 0 g Ballaststoffe – 1590 mg Natrium

GESUNDHEITSTIPP Garnelen enthalten von Natur aus wenig ungesättigte Fettsäuren, aber eine ganze Reihe von lebenswichtigen Nährstoffen wie Magnesium, Selen und Zink. Limetten sind eine hervorragende Vitamin-C-Quelle. Sie wirken keimtötend und helfen, Erkältungen, Husten und Heiserkeit zu verhindern.

Gefüllte Jalapeños mit Thunfisch

Jalapeño-Chilis, die dunkelgrünen Schoten aus Jalapa, der Hauptstadt des Bundesstaates Veracruz im Osten Mexikos, können scharf oder sehr scharf sein und werden im ganzen Land zur Herstellung von scharfen Saucen verwendet. Diese berühmten gefüllten Jalapeños werden in Mexiko Stadt traditionell während der Fastenzeit verzehrt. Das ganze Jahr hindurch stellen sie einen hervorragenden Snack dar.

ZUTATEN *12 große Jalapeño-Chilis ‖ 750 ml Wasser ‖ 2 EL Apfelessig ‖ 1/2 EL Salz ‖ 5 EL feiner, brauner Zucker ‖ 1 EL Olivenöl ‖ 1/4 Zwiebel, fein gehackt ‖ 1 Knoblauchzehe, fein gehackt ‖ 2 Tomaten, gehäutet, entkernt und gewürfelt ‖ 200 g in Olivenöl eingelegtes Thunfischsteak, gut abgetropft und zerpflückt ‖ 1 Lorbeerblatt ‖ 5 grüne Oliven, entsteint und gehackt ‖ 1 TL glatte Petersilie, fein gehackt ‖ Salz und schwarzer Pfeffer, frisch gemahlen*

EINS Die Chilis mit einem scharfen Messer längs aufschlitzen, Kerne und Scheidewände vorsichtig entfernen. Während der Verarbeitung von Chilis sind Gummihandschuhe empfehlenswert, um Hautirritationen zu vermeiden. ZWEI Das Wasser mit Essig, Salz und Zucker in einem großen Topf aufkochen, die Chilis zugeben und 5 Min. kochen. Den Topf vom Herd nehmen, die Chilis herausnehmen und in kaltes Wasser geben. DREI Das Öl in einem großen Topf erhitzen und die Zwiebeln bei mittlerer Hitze weich dünsten. Den Knoblauch zugeben und 1 Min. weiterdünsten. Die Tomaten zugeben und ca. 5 Min. unter ständigem Rühren leicht köcheln. Thunfisch, Lorbeerblatt, Oliven und Petersilie zugeben, mit Salz und Pfeffer abschmecken. Die Mischung 10 Min. einkochen, bis die Flüssigkeit verdampft ist, dann abkühlen lassen. VIER Die Chilis trocken tupfen, vorsichtig mit der Thunfischmischung füllen und auf einer großen Platte bei Zimmertemperatur servieren.

Ergibt 4 Portionen

NÄHRWERTE JE PORTION 978 kJ – 230 kcal – 18 g Protein – 23 g Kohlenhydrate – 22 g Zucker – 9 g Fett – 1 g gesättigte Fettsäuren – 1 g Ballaststoffe – 490 mg Natrium

GESUNDHEITSTIPP Chilis sind eine hervorragende Quelle für das Antioxidans Vitamin C und enthalten zusätzlich Mineralien wie Molybdän, Mangan, Phosphor, Kalium, Thiamin und Kupfer. Sie regen sowohl den Appetit als auch die Verdauung an und sind gut für Herz und Kreislauf. Thunfisch ist reich an Vitamin D und Omega-3-Fettsäuren – auch dies hervorragend für das Herz-Kreislauf-System.

Pilz-Quesadillas

Quesadillas sind ein typisches *antojito* – ein unkomplizierter, herzhafter Snack, der vor dem Hauptgericht serviert wird. Sie bestehen aus Maistortillas, die mit diversen Zutaten wie Käse, gebratenen Pilzen, Kartoffeln mit Chorizo oder Hackfleisch gefüllt sind, um nur einige zu nennen. Sie werden halbmondförmig gefaltet und in wenig Öl in der Pfanne erwärmt – oder sogar ohne Öl, wie in diesem Rezept.

ZUTATEN *2 EL Olivenöl* ‖ *100 g Zwiebeln, fein gehackt* ‖ *2 grüne Chilis, fein gehackt* ‖ *2 Knoblauchzehen, gepresst* ‖ *500 g Wild- und Kulturpilze, grob gehackt* ‖ *1 TL Limettensaft* ‖ *1 TL frisches Pazote, fein gehackt oder 1 EL glatte Petersilie, fein gehackt* ‖ *8 weiche Maistortillas* ‖ *Salz und schwarzer Pfeffer, frisch gemahlen*

EINS Das Öl in einer großen Pfanne erhitzen und die Zwiebeln bei mittlerer Hitze weich dünsten. ZWEI Die Chilis und den Knoblauch zufügen und 1 Min. weiter braten. Die Pilze zufügen und einige Sek. bei mittlerer Hitze mitbraten. Den Limettensaft und das Pazote oder die Petersilie zufügen, mit Salz und Pfeffer abschmecken und ca. 5 Min. braten, bis die Pilze gar sind. DREI Eine große Pfanne bei mittlerer Temperatur erhitzen. Die Tortillas etwa 30 Sek. von beiden Seiten erwärmen, bis sie weich sind. Etwas Pilzmischung auf jede Tortilla geben, die Tortilla zusammenfalten und die obere Hälfte leicht andrücken. Die gefalteten Tortillas umdrehen und erneut erwärmen, bis sie leicht knusprig werden. Die fertigen Quesadillas unter einem Küchentuch bewahren, bis alle fertig sind und umgehend servieren.

Ergibt 4 Portionen

NÄHRWERTE JE PORTION 1425 kJ – 339 kcal – 11 g Protein – 48 g Kohlenhydrate – 2 g Zucker – 12 g Fett – 1 g gesättigte Fettsäuren – 6 g Ballaststoffe – 220 mg Natrium

GESUNDHEITSTIPP Pilze enthalten viele Mineralien wie Selen, Kupfer, Kalium, Phosphor und Zink sowie Vitamine des B-Komplexes.

Gegrillter Panela-Käse mit Oregano

Panela ist ein besonders in Zentralmexiko beliebter weißer Frischkäse, der allein als *antojito* (Snack) verzehrt wird oder eine Vielzahl verschiedener Gerichte verfeinert. Für dieses Rezept ist Büffelmozzarella eine gute Alternative.

ZUTATEN *250 g Panela oder Büffelmozzarella ‖ 2 EL Olivenöl extra vergine ‖ 1 TL getrockneter Oregano ‖ Salz und schwarzer Pfeffer, frisch gemahlen ‖ warme Tortillas, Totopos (Seite 28) oder einige Scheiben knuspriges Brot als Beilage*

EINS Den Panela oder Mozzarella in Scheiben schneiden und diese in eine ofenfeste Auflaufform (15 cm) aus Steingut legen. Mit Salz und Pfeffer würzen. Das Öl über den Käse träufeln und den Oregano darüber streuen. **ZWEI** Den Käse auf der mittleren Schiene bei 180 °C, Gas Stufe 4, 7–8 Min. backen. **DREI** Den Käse mit warmen Tortillas, Totopos (Seite 28) oder Brotscheiben servieren.

Ergibt 4 Portionen

NÄHRWERTE JE PORTION 965 kJ – 230 kcal – 16 g Protein – 0 g Kohlenhydrate – 0 g Zucker – 19 g Fett – 9 g gesättigte Fettsäuren – 0 g Ballaststoffe – 380 mg Natrium

GESUNDHEITSTIPP Panela und Büffelmozzarella enthalten im Gegensatz zu anderen Käsesorten wenig Fett und sind eine gute Quelle für Kalzium, das der Körper zur Gesunderhaltung der Knochen und der Zähne benötigt.

Sincronizadas mit Salsa Mexicana

Dieser köstliche Snack besteht aus zwei Weizentortillas mit einer Schinken-Käse-Füllung. Diese Tortillas sind in den nördlichen Bundesstaaten Mexikos beliebt, wo die Anbaubedingungen für Mais ungünstig sind. Weizentortillas sind vermutlich seit Einführung des Weizens im 16. Jahrhundert in der Region bekannt.

ZUTATEN *2 Weizentortillas* ‖ *1 TL pflanzliches Öl* ‖ *125 g milder Cheddar, in Scheiben* ‖ *75 g Schinken, in Scheiben* ‖ *Salsa Mexicana (Seite 90), als Beilage*

EINS Eine Salsa Mexicana (Seite 90) zubereiten und bei Zimmertemperatur aufbewahren. ZWEI Jeweils eine Seite der Tortillas mit Öl bestreichen. Eine Tortilla mit der geölten Seite nach unten auf die Arbeitsplatte legen und mit der Hälfte des Käses belegen. Den Schinken daraufgeben und mit dem Rest Käse abschließen. Die zweite Tortilla mit der geölten Seite nach oben auf den Käse legen. DREI Eine große Grillpfanne oder Pfanne bei mittlerer Hitze vorwärmen, die Sincronizada in die Pfanne legen und ca. 1 1/2 Min. braten, bis der Käse anfängt zu schmelzen. Die Sincronizada vorsichtig wenden und noch 1 Min. braten, bis der ganze Käse geschmolzen ist und die Tortillas leicht goldbraun und knusprig sind. vier Die Sincronizada auf einen Servierteller legen und in 8 Dreiecke teilen. Sofort servieren, Salsa Mexicana dazureichen.

Ergibt 2 Portionen

NÄHRWERTE JE PORTION 1738 kJ – 416 kcal – 26 g Protein – 24 g Kohlenhydrate – 1 g Zucker – 25 g Fett – 14 g gesättigte Fettsäuren – 1 g Ballaststoffe – 980 mg Natrium

GESUNDHEITSTIPP Um den Fettgehalt dieses Gerichtes zu reduzieren, ersetzen Sie den Cheddar durch Büffelmozzarella und den Schinken durch Putenbraten. Die Salsa Mexicana sollten Sie auf jeden Fall dazureichen. Die darin enthaltenen Tomaten sind kalorienarm, aber reich an Vitamin C und weiteren Nährstoffen.

Brot mit schwarzen Bohnen

Bohnen sind in der mexikanischen Küche ein wichtiger Proteinlieferant. Sie werden auf vielfältige Arten zubereitet und zu jeder Tageszeit genossen. Die in diesem Rezept vorgeschlagene Zubereitungsart auf knusprigem Brot und mit Käse überbacken wird gern zum Frühstück oder einem leichten Abendessen gereicht, üblicherweise mit Salsa Mexicana.

ZUTATEN *4 knusprige Brötchen oder 8 Scheiben Baguette ‖ 20 g Butter ‖ 50 g milder Cheddar, gerieben ‖ Salsa Mexicana (Seite 90), als Beilage ‖ rote Chili, fein gehackt, zum Garnieren ‖ frische Korianderblätter zum Garnieren, fein gehackt* BOHNENPÜREE *250 g getrocknete schwarze Bohnen ‖ 1,5 l kaltes Wasser ‖ 1 kleine Zwiebel, halbiert ‖ 2 Knoblauchzehen, geschält ‖ 1 Zweig frisches Pazote ‖ 1/2 TL Salz ‖ 2 EL pflanzliches Öl*

EINS Die Bohnen in einen großen Topf geben, kaltes Wasser zufügen. Das Wasser muss 12–15 cm über den Bohnen stehen. Über Nacht einweichen. ZWEI Die Bohnen abgießen, abspülen und das abgemessene Wasser zugeben. Mit der Zwiebel, den Knoblauchzehen und dem Pazote zum Kochen bringen und 2–3 Std. köcheln. Den Topfdeckel nur halb auflegen und häufig nachsehen, ob die Bohnen noch bedeckt sind. Im Zweifelsfall heißes Wasser (niemals kaltes) nachgießen. DREI Die Zwiebel, den Knoblauch und das Pazote entfernen und salzen. Die Bohnen abgießen und im Mixer, in der Küchenmaschine oder mit dem Kartoffelstampfer zu Püree verarbeiten, solange sie noch heiß sind. Das Öl bei mittlerer Hitze in einer Pfanne erhitzen, die Bohnen zufügen und unter ständigem Rühren die Flüssigkeit verkochen lassen. Zum Abkühlen beiseitestellen, das Püree wird dabei fester. VIER Die Brötchen aufschneiden und etwas Krume entfernen. Die Brötchenhälften buttern, etwas Bohnenpüree daraufgeben und mit Käse bestreuen. Die Brötchenhälften auf ein Backblech legen und im Ofen bei 180 °C, Gas Stufe 4, 6–8 Min. backen, bis der Käse geschmolzen und das Brot leicht geröstet ist. FÜNF Mit Chili und Koriander bestreuen und heiß mit Salsa Mexicana *(Seite 90)* servieren.

Ergibt 4 Portionen

NÄHRWERTE JE PORTION 1890 kJ – 448 kcal – 23 g Protein – 57 g Kohlenhydrate – 3 g Zucker – 16 g Fett – 6 g gesättigte Fettsäuren – 17 g Ballaststoffe – 660 mg Natrium

GESUNDHEITSTIPP Schwarze Bohnen enthalten Proteine, Kohlenhydrate, Kalzium, Eisen, Mangan und Phosphor sowie weitere Mineralien und Vitamine. Sie sind ebenfalls reich an Ballaststoffen und Aminosäuren.

Guacamole mit Totopos

Knusprig und leicht gesalzen sind die gebackenen Maistortillas in Dreieckform, die gern mit Bohnenpüree verzehrt werden – oder eben mit Guacamole, dem allzeit beliebten Avocadopüree mit grünen Chilis, Zwiebeln und frischen Korianderblättern. Diese mexikanische Spezialität wird im ganzen Land zubereitet und als Beilage zu gegrilltem Fleisch, Salaten oder Reis gereicht oder einfach mit jeder beliebigen Art von Taco genossen.

ZUTATEN *2 große, reife Avocados ‖ 1 EL Zwiebel, fein gehackt ‖ 2 Serrano- oder Jalapeño-Chilis, fein gehackt ‖ 2 EL frische Korianderblätter, fein gehackt und einige Blätter zum Garnieren ‖ einige Tropfen Limettensaft, frisch gepresst ‖ Salz*
TOTOPOS *6 weiche Maistortillas ‖ pflanzliches Öl ‖ Salz*

EINS Beide Seiten der Tortillas mit Öl einpinseln und die Tortillas in Dreiecke schneiden. Auf einem Backblech auslegen und im Ofen bei 180 °C, Gas Stufe 4, 8–10 Min. knusprig backen. Leicht salzen und auf einem Gitter auskühlen lassen. ZWEI Die Avocados halbieren und entsteinen. Das Fruchtfleisch in 1 cm große Würfel schneiden, die Reste mit einem Löffel aus der Schale holen und alles in eine Schüssel geben. DREI Die Zwiebel, die Chili und den Koriander zugeben und vorsichtig mischen, ohne dabei die Avocadowürfel zu zerdrücken. Den Limettensaft zugeben und mit Salz abschmecken. Mit Korianderblättern garnieren und sofort mit den Totopos servieren.

Ergibt 4 Portionen

NÄHRWERTE JE PORTION 1607 kJ – 385 kcal – 8 g Protein – 37 g Kohlenhydrate – 1 g Zucker – 23 g Fett – 4 g gesättigte Fettsäuren – 2 g Ballaststoffe – 167 mg Natrium

GESUNDHEITSTIPP Avocados enthalten neben Vitaminen und Mineralien auch einfach ungesättigte Fettsäuren, die besonders für das Herz gesund sind. Sie sind reich an Vitamin E und daher leicht verdaulich und vorbeugend gegen Blutarmut. Frischer Koriander wirkt antibiotisch und lindert Verdauungsbeschwerden.

Taquitos mit Tiger-Garnelen

Tacos sind gerollte Maistortillas mit einer beliebigen Füllung und als *antojito* (Snack) sehr beliebt. Der Art der Füllung sind keine Grenzen gesetzt, sie sind oft regional unterschiedlich, werden aber immer mit scharfer Chilisauce serviert. Diese Tiger-Garnelen-Taquitos sind besonders in Baja California und den Staaten der nördlichen Pazifikküste beliebt.

ZUTATEN *2 EL Olivenöl* ‖ *1 Zwiebel, in feine Längsstreifen geschnitten* ‖ *500 g ungekochte, geschälte und vom Darmfaden befreite Tiger-Garnelen* ‖ *2 Knoblauchzehen, gepresst* ‖ *4 Serrano-Chilis, entkernt und in feine Ringe geschnitten* ‖ *1 EL frische Korianderblätter, fein gehackt* ‖ *8 weiche Maistortillas* ‖ *Salz und schwarzer Pfeffer, frisch gemahlen* ‖ *Guacamole (Seite 28) oder Ihre Lieblingssauce, als Beilage* ‖ *frische Korianderblätter zum Garnieren*

EINS Das Öl in einer Pfanne erhitzen und die Zwiebel bei schwacher Hitze 1 Min. dünsten. ZWEI Die Garnelen, den Knoblauch und die Chiliringe zugeben und ca. 3 Min. braten – die Garnelen sind gar, wenn sie rosa werden und sich krümmen. Mit Salz und Pfeffer abschmecken, die Korianderblätter zugeben und warmhalten. DREI Eine große Pfanne bei mittlerer Hitze ohne Öl erhitzen und jeweils 2–3 Tortillas gleichzeitig jeweils ca. 30 Sek. erwärmen, bis sie weich sind. Etwas Garnelenmischung in die Mitte jeder Tortilla setzen und die Tortilla aufrollen. Die fertigen Tortillas unter einem Küchentuch warmhalten, während der Rest zubereitet wird. Mit Guacamole *(Seite 28)* oder Ihrer Lieblingssauce servieren und mit frischen Korianderblättern garnieren.

Ergibt 4 Portionen

NÄHRWERTE JE PORTION 1750 kJ – 416 kcal – 30 g Protein – 47 g Kohlenhydrate – 1 g Zucker – 12 g Fett – 1 g gesättigte Fettsäuren – 3 g Ballaststoffe – 480 mg Natrium

GESUNDHEITSTIPP Garnelen sind eine gute Proteinquelle, nahrhaft und leicht verdaulich. Chilis enthalten Vitamin C und Capsaicin und sind gut für den Kreislauf und gegen Verdauungsbeschwerden.

Fisch-Nopalitos-Salat

Diese typisch mexikanische Vorspeise erinnert an *Ceviche*, ein traditionelles Fischgericht aus Zihuatanejo im Bundesstaat Guerrero an der Pazifikküste. Nopales, die fleischigen, ovalen Blätter des Feigenkaktus, haben eine zarte Konsistenz und einen fein-säuerlichen Geschmack.

ZUTATEN *350 g Kabeljau- oder Seezungenfilet, ohne Haut, abgespült und trocken getupft ‖ 2 rote Chilis, entkernt und fein geschnitten ‖ 2 grüne Chilis, entkernt und fein geschnitten ‖ 1 rote Zwiebel, in feine Längsstreifen geschnitten ‖ 100 ml Limettensaft, frisch gepresst ‖ 200 g frische Nopales, gekocht und in Streifen geschnitten ‖ 4 Radieschen, fein geschnitten ‖ Salz und schwarzer Pfeffer, frisch gemahlen ‖ frische Korianderblätter, zum Garnieren ‖ Totopos (Seite 28), als Beilage*
DRESSING *60 ml Olivenöl extra vergine ‖ 20 ml Limettensaft, frisch gepresst ‖ 1/2 TL flüssiger Honig ‖ 1/2 TL getrockneter Oregano ‖ Salz*

EINS Den Fisch in 4 cm lange, 1 cm breite Streifen schneiden und mit den Chilis, den Zwiebeln und dem Limettensaft in einer Glasschüssel mischen. Mit Salz und Pfeffer abschmecken. Abgedeckt im Kühlschrank 1 Std. marinieren. **ZWEI** Danach den überschüssigen Limettensaft abgießen und die Nopales und die Radieschen zugeben. Die Zutaten für das Dressing mischen, über die Fischmischung geben und alles abschmecken. **DREI** Den Fisch-Nopalitos-Salat auf vier Teller verteilen, mit Korianderblättern garnieren und mit Totopos *(Seite 28)* servieren.

Ergibt 4 Portionen

NÄHRWERTE JE PORTION 825 kJ – 198 kcal – 17 g Protein – 6 g Kohlenhydrate – 4 g Zucker – 12 g Fett – 2 g gesättigte Fettsäuren – 2 g Ballaststoffe – 80 mg Natrium

GESUNDHEITSTIPP Nopales enthalten die Vitamine A, B und C sowie Kalzium. Kabeljau ist reich an Vitamin B6 und B12 und daher gut für das Herz-Kreislauf-System. (Verwenden Sie Kabeljau möglichst aus nachhaltiger Fischerei oder aus der Zucht.) Seezunge ist reich an Selen, Kalium und den Vitaminen B6 und 12.

Tostadas mit Jakobsmuscheln

Ein feiner und sehr schmackhafter Snack ist diese *tostada* (knusprige Maistortilla) mit Jakobsmuscheln. Tostadas sind als Snack in ganz Mexiko beliebt und werden entweder solo geknabbert oder mit regional unterschiedlichen Zutaten belegt.

ZUTATEN *200 g ungekochte Jakobsmuscheln mit weißem Fleisch* ‖ *30 g rote Zwiebeln, in feine Ringe geschnitten* ‖ *2 Jalapeño-Chilis, entkernt und fein geschnitten* ‖ *1 Stück Gurke, 10 cm lang, entkernt und in Würfel geschnitten* ‖ *2 TL Schnittlauch, fein gehackt* ‖ *2 EL Limettensaft, frisch gepresst* ‖ *2 EL Olivenöl extra vergine* ‖ *4 weiche Maistortillas, möglichst klein* ‖ *Salz und schwarzer Pfeffer, frisch gemahlen* ‖ *frische Korianderblätter zum Garnieren* ‖ *Limettenschnitze zum Garnieren*

EINS Jede Jakobsmuschel in 3–4 ca. 5 mm dicke Stücke schneiden und mit den Zwiebelringen, den Chilis, den Gurkenwürfeln und dem Schnittlauch in einer Glasschüssel vorsichtig mischen. Den Limettensaft sowie das Öl zufügen und mit Salz und Pfeffer abschmecken. Abgedeckt im Kühlschrank 20 Min. marinieren. ZWEI Die Mini-Tortillas auf einem Backblech bei 180 °C, Gas Stufe 4, 8–10 Min. backen, bis sie knusprig sind. (Sind keine kleinen Maistortillas erhältlich, werden mit einem Teigausstecher kleine Kreise (10–12 cm Durchmesser) aus größeren Tortillas ausgestochen.) Tortillas abkühlen lassen. DREI Die Muschelmischung erst unmittelbar vor dem Servieren auf die Tortillas geben. Dazu jeweils ein Viertel der Menge mit einem Schaumlöffel auf jede Tostada setzen, mit den Korianderblättern und den Limettenschnitzen garnieren und sofort servieren.

Ergibt 4 Portionen

NÄHRWERTE JE PORTION (FÜR KLEINE TORTILLAS VON JE CA. 17 G) 727 kJ – 173 kcal – 14 g Protein – 13 g Kohlenhydrate – 1 g Zucker – 8 g Fett – 1 g gesättigte Fettsäuren – 1 g Ballaststoffe – 139 mg Natrium

GESUNDHEITSTIPP Das Aufbacken der Tortillas im Ofen ist gesünder als die traditionelle Art des Frittierens.

Suppen und Reis

Grüner Reis mit Garnelen

Die Kombination von Reis und Schalentieren ist in Mexiko sehr beliebt. Hier wird duftender Basmatireis mit Koriander und Spinat grün gefärbt, mit Poblano-Chili pikant gewürzt und mit Garnelen delikat verfeinert.

ZUTATEN *325 g Basmatireis* ‖ *1 Poblano-Chilis* ‖ *25 g frische Korianderblätter* ‖ *25 g Spinat* ‖ *1/4 Zwiebel* ‖ *1 Knoblauchzehe* ‖ *500 ml Hühnerbrühe* ‖ *2 EL pflanzliches Öl* ‖ *3 Knoblauchzehen, gepresst* ‖ *1 EL Olivenöl* ‖ *8 ungekochte, ungeschälte Garnelen, Beine entfernt oder 8 ungekochte, ungeschälte Riesen-Tiger-Garnelen, Beine entfernt* ‖ *Salz und schwarzer Pfeffer, frisch gemahlen*

EINS Den Reis 15 Min. in heißem Wasser einweichen, abgießen, gut abspülen und nochmals abgießen. ZWEI Die Chili mit einer Küchenzange über der offenen Gasflamme oder in einer ungefetteten Pfanne bei großer Hitze rösten, bis die Haut schwarz wird. Die Chili in einen Plastikbeutel legen, den Beutel verschließen, in ein Küchentuch wickeln und 15 Min. ruhen lassen. Die Chili häuten, entkernen, den Stiel entfernen, abspülen und trockentupfen. DREI Die Chili mit den Korianderblättern, dem Spinat, der Zwiebel und einer Knoblauchzehe im Mixer pürieren. VIER Die Spinatmischung in einem Topf bei mittlerer Hitze unter Rühren ca. 8 Min. garen. Die Brühe zugeben, aufkochen, mit Salz abschmecken und warm halten. FÜNF Das Öl in einem Topf erhitzen und den Reis ca. 5 Min. bei mittlerer Hitze braten, bis er nicht mehr klebt. Ständig rühren. Die Spinatbrühe zugeben und unter Rühren aufkochen. Bei geringer Hitze ca. 10 Min. zugedeckt köcheln lassen, bis die Flüssigkeit aufgesogen und der Reis zart ist. Beiseitestellen und 10 Min. ruhenlassen. SECHS Die gepressten Knoblauchzehen mit Olivenöl und etwas Salz zu einer Paste zerdrücken. Einen Wok oder eine Pfanne stark erhitzen und die Garnelen im Knoblauchöl einige Min. braten. Die Garnelen wenden und nochmals 1 Min. braten, bis sie gar sind. SIEBEN Den Reis auf einer vorgewärmten Platte anrichten, die Garnelen daraufgeben, mit schwarzem Pfeffer würzen und umgehend servieren.

Ergibt 4 Portionen

NÄHRWERTE JE PORTION 1643 kJ – 394 kcal – 11 g Protein – 67 g Kohlenhydrate – 1 g Zucker – 9 g Fett – 1 g gesättigte Fettsäuren – 2 g Ballaststoffe – 253 mg Natrium

GESUNDHEITSTIPP Garnelen sind sehr nährstoffreich und leicht verdaulich. Sie enthalten Protein und das herzstärkende Selen.

Mexikanischer Reis

Reis spielt in der mexikanischen Küche eine wichtige Rolle und wird, besonders in Mexiko Stadt, zum Mittagessen zwischen der Suppe und dem Hauptgericht verzehrt. Auch als Beilage wird Reis zu vielen Gerichten gereicht. Der Reis „à la mexicana" wird erst gebraten und dann mit Brühe, Tomaten, Möhren, Erbsen und grünen Chilis gekocht.

ZUTATEN *325 g Basmatireis ‖ 200 g Tomaten ‖ 1/4 Zwiebel ‖ 1 Knoblauchzehe, geschält ‖ 2 1/2 EL pflanzliches Öl ‖ 500 ml Hühnerbrühe ‖ 50 g Möhren, gewürfelt ‖ 50 g frische oder tiefgekühlte geschälte Erbsen ‖ 4 grüne Chilis ‖ 2 Zweige glatte Petersilie ‖ Salz*

EINS Den Reis 15 Min. in heißem Wasser einweichen, abgießen, gut abspülen und nochmals abgießen. **ZWEI** Die Tomaten, die Zwiebel und die Knoblauchzehe im Mixer pürieren und durch ein Sieb streichen. **DREI** 1/2 EL Öl in einem Topf erhitzen, die Tomatenmischung zugeben, aufkochen und 8–10 Min. bei geringer Hitze unter ständigem Rühren köcheln lassen. Die Brühe zugeben, aufkochen und mit Salz abschmecken. Bei geringer Hitze warm halten. **VIER** Das restliche Öl in einem Topf erhitzen und den Reis unter ständigem Rühren bei mittlerer Hitze ca. 5 Min. darin braten, bis er nicht mehr klebt. Die Tomatenbrühe, die Möhren, die Erbsen und die Chilis sowie die Petersilie zugeben, aufkochen und bei geringer Hitze ca. 10 Min. zugedeckt köcheln lassen, bis die Flüssigkeit aufgesogen und der Reis zart ist. Beiseitestellen und 10 Min. ruhen lassen, dann heiß servieren.

Ergibt 4 Portionen

NÄHRWERTE JE PORTION 1616 kJ – 387 kcal – 8 g Protein – 70 g Kohlenhydrate – 3 g Zucker – 8 g Fett – 1 g gesättigte Fettsäuren – 4 g Ballaststoffe – 214 mg Natrium

GESUNDHEITSTIPP Reis ist besonders gut für Menschen geeignet, die sich glutenfrei ernähren. Die Gemüse bringen diesem energiereichen Gericht zusätzliche Nährwerte.

Weißer Reis mit Poblano-Chili-Streifen

Dieses traditionelle Gericht besteht aus Reis mit *rajas*, das sind Chilistreifen mit Zwiebeln gebraten und mit etwas Doppelrahm verfeinert. Der Reis wird üblicherweise in eine Ringform gebracht, die *rajas* werden in der Mitte des Rings angerichtet.

ZUTATEN *325 g Basmatireis* ‖ *2 EL pflanzliches Öl* ‖ *500 ml Hühnerbrühe* ‖ *Saft von 1/2 Limette, frisch gepresst* ‖ *2 Zweige glatte Petersilie* ‖ *Salz*

POBLANO-CHILI-STREIFEN *3 Poblano-Chilis* ‖ *1 Zwiebel, in Längsstreifen geschnitten* ‖ *1 EL pflanzliches Öl* ‖ *60 ml Crème double* ‖ *Salz*

EINS Den Reis 15 Min. in heißem Wasser einweichen, abgießen, gut abspülen und nochmals abgießen. ZWEI Das Öl in einem Topf erhitzen und den Reis unter ständigem Rühren bei mittlerer Hitze ca. 5 Min. darin braten, bis er nicht mehr klebt. Die Brühe zugeben, aufkochen, mit Salz abschmecken, den Limettensaft und die Petersilie zugeben und bei geringer Hitze ca. 10 Min. zugedeckt köcheln lassen, bis die Flüssigkeit aufgesogen und der Reis zart ist. Beiseitestellen und 10 Min. ruhen lassen. DREI Für die Poblano-Chili-Streifen die Chilis mit einer Küchenzange über der offenen Gasflamme oder in einer ungefetteten Pfanne bei großer Hitze rösten, bis die Haut schwarz wird. Die Chilis in einen Plastikbeutel legen, den Beutel verschließen, in ein Küchentuch wickeln und 15 Min. ruhen lassen. Die Chilis häuten, entkernen, den Stiel entfernen, abspülen und trocken tupfen. Die Chilis längs in feine Streifen schneiden. VIER Das Öl erhitzen und die Zwiebel bei mittlerer Hitze darin weich dünsten. Die Chilistreifen zugeben und 10 Min. braten, dabei gelegentlich umrühren. Mit Salz abschmecken. Die Crème double erst unmittelbar vor dem Servieren zugeben und nochmals abschmecken. FÜNF Den Reis auf einer vorgewärmten Platte servieren, die Chilistreifen darübergeben.

Ergibt 4 Portionen

NÄHRWERTE JE PORTION 1870 kJ – 450 kcal – 7 g Protein – 68 g Kohlenhydrate – 3 g Zucker – 16 g Fett – 5 g gesättigte Fettsäuren – 2 g Ballaststoffe – 213 mg Natrium

GESUNDHEITSTIPP Sowohl die Zwiebeln mit ihrem hohen Gehalt an Vitamin C und Ballaststoffen als auch die Chilischoten reduzieren den Cholesterinwert, senken das Risiko von Blutgerinnseln und stärken das Immunsystem. Wenn Sie das Gericht fettärmer genießen möchten, verzichten Sie auf die Crème double.

Tlalpan-Suppe

Suppen gehören untrennbar zur mexikanischen Küche. In Zentralmexiko beginnt jedes Mittagessen mit diesem Gang, auf den ein Reisgericht und ein Hauptgericht mit Gemüse folgt. Diese Suppe besteht aus einer gesunden Kombination von Hühnchen, Kichererbsen, Möhren und Avocado, die sich mit dem rauchigen Aroma der Chipotle Chilischote aufs Feinste verbinden.

ZUTATEN *1,5 l Hühnerbrühe* ‖ *175 g Hühnerbrustfilet ohne Haut* ‖ *1 EL pflanzliches Öl* ‖ *1 Zwiebel, fein gehackt* ‖ *2 Möhren, geschält und gewürfelt* ‖ *2 Knoblauchzehen, fein gehackt* ‖ *400 g gekochte Kichererbsen* ‖ *1 Chipotle-Chili, in Adobosauce eingelegt, entkernt und in Streifen geschnitten* ‖ *1 große, reife Avocado entsteint, geschält und in Würfel geschnitten* ‖ *2 EL frische Korianderblätter, fein gehackt* ‖ *Salz* ‖ *1 Limette, in Schnitze geteilt, zum Garnieren*

EINS Das Hühnerbrustfilet mit der Hühnerbrühe in einem großen Topf aufkochen und ca. 20 Min. bei geringer Hitze köcheln lassen, bis das Fleisch gar ist. Das Hühnerbrustfilet herausnehmen und abkühlen lassen, die Brühe beiseitestellen. Das Hühnerfleisch zerkleinern. ZWEI Das Öl in einem großen Topf erhitzen und die Zwiebel und die Möhren bei mittlerer Hitze dünsten, bis die Zwiebel glasig ist. Den Knoblauch zugeben und 1 Min. weiterbraten. Die Brühe zugeben, 10 Min. köcheln lassen, die Kichererbsen zugeben und weitere 10 Min. köcheln lassen. Mit Salz abschmecken. DREI Erst kurz vor dem Servieren die Chili und das zerkleinerte Hühnerfleisch zugeben und aufkochen. Die Suppe in tiefe Teller geben, die Avocadowürfel und den Koriander darüberverteilen und mit Limettenschnitzen garnieren.

Ergibt 4 Portionen

NÄHRWERTE JE PORTION 1354 kJ – 324 kcal – 20 g Protein – 25 g Kohlenhydrate – 6 g Zucker – 16 g Fett – 3 g gesättigte Fettsäuren – 7 g Ballaststoffe – 257 mg Natrium

GESUNDHEITSTIPP Die Kichererbsen geben dieser nahrhaften Suppe neben Kohlenhydraten und Ballaststoffen auch Proteine, Vitamine und Mineralien wie Kalzium, Kalium und Eisen.

Poblano-Chili-Suppe mit Garnelen

Die elegante Poblano-Chili ist eine dickfleischige Schote mit köstlichem Geschmack und vielleicht deshalb eine der beliebtesten Chilisorten in Mexiko. Besonders in Zentralmexiko wird sie in zahllosen Gerichten und Saucen vielseitig verwendet.

ZUTATEN *6 Poblano-Chilis* ‖ *1 EL pflanzliches Öl* ‖ *1/2 Zwiebel, grob gehackt* ‖ *1,5 l Hühnerbrühe* ‖ *150 g gekochte, geschälte Garnelen* ‖ *Salz und schwarzer Pfeffer, frisch gemahlen*

EINS Die Chilis mit einer Küchenzange über der offenen Gasflamme oder in einer ungefetteten Pfanne bei großer Hitze rösten, bis die Haut schwarz wird. Die Chilis in einen Plastikbeutel legen, den Beutel verschließen, in ein Küchentuch wickeln und 15 Min. ruhen lassen. Die Chilis häuten, entkernen, den Stiel entfernen, abspülen und trockentupfen. Die Chilis längs in feine Streifen schneiden. ZWEI Das Öl in einem großen Topf erhitzen und die Zwiebel bei mittlerer Hitze weich dünsten. Die Chilistreifen zugeben und unter ständigem Rühren einige Minuten braten. Etwas Brühe zugeben, aufkochen und ca. 5 Min. bei geringer Hitze köcheln lassen. DREI Die Chilimischung im Mixer pürieren und in den Topf zurückgeben. Die restliche Brühe zugießen und 10–15 Min. köcheln lassen. Mit Salz und Pfeffer abschmecken. VIER Zum Garnieren 4–6 ganze Garnelen zurückbehalten, die restlichen Garnelen hacken und kurz vor dem Servieren zur Suppe geben. Die Suppe heiß servieren, mit den ganzen Garnelen garnieren.

Ergibt 4 Portionen

NÄHRWERTE JE PORTION 360 kJ – 86 kcal – 10 g Protein – 3 g Kohlenhydrate – 3 g Zucker – 4 g Fett – 0 g gesättigte Fettsäuren – 0 g Ballaststoffe – 800 mg Natrium

GESUNDHEITSTIPP Chilis enthalten das Antioxidans Capsaicin, das schmerzlindernd und entzündungshemmend wirkt. Es kann außerdem den Cholesterinspiegel senken und Blutgerinnsel verhindern. Capsaicin regt außerdem den Appetit und die Verdauung an.

Walnuss-Suppe mit Chipotle

Diese elegante Suppe wird zu besonderen Anlässen serviert. Die Kombination von Walnüssen und Chipotle-Chilis sorgt für ein ganz ausgefallenes, köstlich feines Aroma.

ZUTATEN *2 Chipotle-Chilis* ‖ *1 EL pflanzliches Öl* ‖ *1/2 Zwiebel, gehackt* ‖ *1–2 Knoblauchzehen, gehackt* ‖ *2 Tomaten, gehackt* ‖ *1,5 l Hühnerbrühe* ‖ *200 g geriebene Walnüsse und einige grob gehackte Walnüsse zum Garnieren* ‖ *Salz und schwarzer Pfeffer, frisch gemahlen* ‖ *glatte Petersilie zum Garnieren*

EINS Den Stielansatz der Chilis entfernen und die Schoten entkernen. Soll die Sauce milder werden, auch die Scheidewände entfernen. Die Chilis in einer Pfanne ohne Öl bei mittlerer Hitze einige Sekunden von beiden Seiten rösten, dann ca. 15–20 Min. in kochendes Wasser geben, bis sie weich sind. ZWEI Das Öl in einem großen Topf erhitzen und die Zwiebeln bei mittlerer Hitze weich dünsten. Den Knoblauch zugeben und 1 Min. braten. Die Tomaten zugeben und unter Rühren einige Minuten dünsten. DREI Die Chilis abtropfen und mit der Tomatenmischung und 250 ml Hühnerbrühe pürieren, dann durch ein Sieb streichen. VIER Die Tomaten-Chili-Brühe wieder in den Topf geben und 10–15 Min. köcheln lassen, mit Salz und Pfeffer abschmecken. FÜNF Die geriebenen Walnüsse mit etwas Hühnerbrühe anrühren, dann die Nüsse und die restliche Brühe zur Tomaten-Chili-Mischung geben, aufkochen und bei geringer Hitze ca. 10–15 Min. köcheln lassen. Nochmals abschmecken. SECHS Die Suppe in tiefen Tellern anrichten, mit gehackten Walnüssen und Petersilie garnieren und heiß servieren.

Ergibt 4 Portionen

NÄHRWERTE JE PORTION 1780 kJ – 430 kcal – 9 g Protein – 5 g Kohlenhydrate – 4 g Zucker – 42 g Fett – 4 g gesättigte Fettsäuren – 4 g Ballaststoffe – 214 mg Natrium

GESUNDHEITSTIPP Walnüsse haben cholesterinsenkende Eigenschaften und sind reich an Omega-3-Fettsäuren. Außerdem stärken sie das Immunsystem durch die Vitamine A, B und C sowie die Mineralien Kalzium, Kupfer, Eisen und Mangan.

Schwarze-Bohnen-Suppe

Bohnen sind eine Grundzutat der mexikanischen Küche und werden in Form von Vorspeisen, Suppen, Salaten oder Hauptgerichten verzehrt. Schwarze-Bohnen-Suppe ist ein mexikanisches Lieblingsgericht, besonders mit gebackenen Tortillastreifen und Käsewürfeln als Tüpfelchen auf dem i. Ein Hauch Oregano gibt diesem Gericht das besondere Aroma.

ZUTATEN *250 g getrocknete schwarze Bohnen* ‖ *1,5 l kaltes Wasser* ‖ *1/2 Zwiebel* ‖ *1/2 Zwiebel, gehackt* ‖ *4 Knoblauchzehen, geschält* ‖ *1 Zweig frisches Pazote* ‖ *1 TL Salz* ‖ *500 ml Gemüse- oder Hühnerbrühe* ‖ *2 Tomaten, gehäutet und entkernt* ‖ *1 EL Olivenöl* ‖ *pflanzliches Öl zum Einpinseln* ‖ *2 weiche Maistortillas* ‖ *100 g Feta Käse, gewürfelt* ‖ *1 rote Chili, entkernt und fein geschnitten* ‖ *getrockneter Oregano*

EINS Die Bohnen in reichlich kaltem Wasser 8–12 Std. einweichen. **ZWEI** Die Bohnen abgießen, abspülen und mit dem abgemessenen Wasser in einen Topf geben. Die halbe Zwiebel, 2 Knoblauchzehen und das Pazote zugeben, aufkochen und die Bohnen bei geringer Hitze mit halb aufgelegtem Topfdeckel 2–3 Std. weich kochen. Die Bohnen müssen immer mit Wasser bedeckt sein, im Zweifelsfall heißes Wasser zugeben (niemals kaltes). **DREI** Die Zwiebel, den Knoblauch und das Pazote entfernen und salzen. Die Bohnen mit dem Kochwasser und der Hälfte der Brühe pürieren und durch ein Sieb drücken. Wenn das Püree zu dick ist, mehr Brühe zugeben. **VIER** Die Tomaten mit den restlichen Knoblauchzehen und der gehackten Zwiebel im Mixer pürieren. Das Olivenöl in einem großen Topf erhitzen und die Tomatenmischung 5–8 Min. unter ständigem Rühren köcheln lassen. Das Bohnenpüree zugeben, 10 Min. köcheln lassen und abschmecken. **FÜNF** Die Tortillas von beiden Seiten mit etwas Öl bestreichen und in Streifen schneiden. Die Streifen auf einem Backblech bei 180 °C, Gas Stufe 4, ca. 6–8 Min. backen, bis sie goldbraun sind. **SECHS** Die Suppe in tiefen Tellern servieren, Tortilla-Streifen, Käsewürfel und Chilistreifen darübergeben, mit Oregano bestreuen.

Ergibt 4 Portionen

NÄHRWERTE JE PORTION 1463 kJ – 347 kcal – 21 g Protein – 45 g Kohlenhydrate – 6 g Zucker – 11 g Fett – 4 g gesättigte Fettsäuren – 16 g Ballaststoffe – 1126 mg Natrium

GESUNDHEITSTIPP Schwarze Bohnen enthalten viele cholesterinsenkende Ballaststoffe. Sie sind besonders wertvoll für Menschen mit Diabetes oder Hypoglykämie, da sie einen zu schnellen Anstieg des Blutzuckerspiegels verhindern.

Milpa-Suppe

Milpa bedeutet Maisfeld, bezeichnet aber eine besondere Anbauform, bei der eine Vielzahl an Gemüsesorten und Obst mit dem Mais in Mischkultur steht. Diese Suppe stammt noch aus vorspanischer Zeit und verbindet die Feldfrüchte der *milpa* wie Mais, Zucchini, Poblano-Chilis und grüne Bohnen. Pazote gibt das besondere Aroma.

ZUTATEN *2 Poblano-Chilis* ‖ *1 EL pflanzliches Öl* ‖ *1/2 Zwiebel, fein gehackt* ‖ *1 Knoblauchzehe, fein gehackt* ‖ *250 g frische Maiskörner* ‖ *2 Zucchini, in feine Streifen geschnitten* ‖ *100 g grüne Bohnen, in Stücken* ‖ *1 l Hühnerbrühe* ‖ *2 große Zweige frisches Pazote oder frische Korianderblätter* ‖ *Salz und schwarzer Pfeffer, frisch gemahlen*

EINS Die Chilis mit einer Küchenzange über der offenen Gasflamme oder in einer ungefetteten Pfanne bei großer Hitze rösten, bis die Haut schwarz wird. Die Chilis in einen Plastikbeutel legen, den Beutel verschließen, in ein Küchentuch wickeln und 15 Min. ruhen lassen. Die Chilis häuten, entkernen, den Stiel entfernen, abspülen und trockentupfen. Die Chilis längs in feine Streifen schneiden. ZWEI Das Öl in einem großen Topf erhitzen und die Zwiebeln bei mittlerer Hitze weich dünsten. Die Chilis, den Knoblauch und das restliche Gemüse zugeben und unter Rühren ca. 3 Min. dünsten. DREI Die Brühe zugeben und aufkochen. Die Pazote-Zweige zugeben und bei geringer Hitze ca. 10 Min. köcheln lassen, bis das Gemüse gar ist. Mit Salz und Pfeffer abschmecken. VIER Die Pazote-Zweige herausnehmen und die Suppe in tiefen Tellern sehr heiß servieren.

Ergibt 4 Portionen

NÄHRWERTE JE PORTION 458 kJ – 109 kcal – 4 g Protein – 14 g Kohlenhydrate – 4 g Zucker – 5 g Fett – 1 g gesättigte Fettsäuren – 3 g Ballaststoffe – 208 mg Natrium

GESUNDHEITSTIPP Diese köstliche Suppe ist sehr reich an Vitaminen, Mineralien und anderen Nährstoffen, die das Immunsystem stärken. Zudem enthält das Gemüse reichlich Ballaststoffe.

Gekühlte Avocado-Suppe

Avocados wurden schon vor der Ankunft der Spanier im Süden Mexikos und in Mittelamerika verzehrt. Sie fanden in Europa schnell Anklang, hauptsächlich wegen ihres Rufs als Aphrodisiakum. Die köstliche und erfrischende Suppe ist ideal für einen heißen Sommertag.

ZUTATEN *2 große, reife Avocados, entsteint und geschält ‖ 1 TL Limettensaft, frisch gepresst ‖ 1 l frische Hühnerbrühe, gekühlt und entfettet ‖ 1 TL frische Korianderblätter, gehackt und einige ganze Blättchen zum Garnieren ‖ Salz und schwarzer Pfeffer, frisch gemahlen*

EINS Die Avocados, den Limettensaft, ca. die Hälfte der Hühnerbrühe und den Koriander im Mixer pürieren. ZWEI Die Avocadocreme in einer Glasschüssel mit der restlichen Brühe gut mischen und mit Salz und Pfeffer abschmecken. Zugedeckt im Kühlschrank gut kühlen. Die Suppe in tiefen Tellern servieren, mit Korianderblättern garnieren.

Ergibt 4 Portionen

NÄHRWERTE JE PORTION 778 kJ – 189 kcal – 2 g Protein – 2 g Kohlenhydrate – 1 g Zucker – 19 g Fett – 4 g gesättigte Fettsäuren – 0 g Ballaststoffe – 210 mg Natrium

GESUNDHEITSTIPP Der Fettanteil der Avocados besteht hauptsächlich aus gesundheitsförderlichen einfach ungesättigten Fettsäuren. Außerdem enthalten Avocados viel Vitamin E, das vor Zellgiften schützt und Vitamin C, Thiamin, Riboflavin und Kalium. Dieses Mineral wirkt blutdruckregulierend.

Möhren-Rote-Bete-Suppe

Aus zwei unscheinbaren Wurzelgemüsen wird diese Suppe hergestellt, die allein aufgrund ihrer Farbe ein prächtiges Fest für die Sinne ist.

ZUTATEN *1 EL Olivenöl* ‖ *400 g Möhren, grob gehackt* ‖ *150 g Zwiebeln, grob gehackt* ‖ *1 Stange Lauch, nur das Weiße, grob gehackt* ‖ *1 Knoblauchzehe, gepresst* ‖ *1,2 l Gemüse- oder Hühnerbrühe* ‖ *100 g Rote Bete, gekocht und grob gehackt* ‖ *75 g Feta Käse, zerdrückt* ‖ *2 EL frische Korianderblätter, fein gehackt* ‖ *Salz und schwarzer Pfeffer, frisch gemahlen* ‖ *Maistortillas als Beilage*

EINS Das Öl in einem großen Topf erhitzen und die Möhren, die Zwiebeln und den Lauch bei geringer Hitze ca. 10 Min. dünsten, dabei gelegentlich umrühren. ZWEI Den Knoblauch und die Brühe zufügen und aufkochen, dann 20–25 Min. bei geringer Hitze köcheln lassen bis die Möhren anfangen weich zu werden. Beiseitestellen und abkühlen lassen. DREI Die Möhrenbrühe im Mixer mit der Roten Bete pürieren, die Suppe in den Topf geben, aufkochen und mit Salz und Pfeffer abschmecken. VIER Die Suppe in tiefe Teller füllen, mit Feta und Koriander bestreuen und mit Weizentortilla servieren.

Ergibt 4–6 Portionen

NÄHRWERTE JE PORTION 579 kJ – 139 kcal – 5 g Protein – 14 g Kohlenhydrate – 12 g Zucker – 7 g Fett – 3 g gesättigte Fettsäuren – 5 g Ballaststoffe – 518 mg Natrium

GESUNDHEITSTIPP Möhren und Rote Bete sind reich an Vitamin A und Kalium und stärken das Immunsystem.

Tortilla-Suppe

Diese auch als Azteken-Suppe bekannte Tomaten-Tortilla-Suppe ist eines der typischsten und köstlichsten Gerichte Zentralmexikos. Das mittelamerikanische Gewürz Pazote verleiht der Suppe ihr ausgefallenes Aroma, Käse, Avocado und Chiliringe verfeinern sie zusätzlich.

ZUTATEN *2 mittelgroße, reife Tomaten, gehäutet und entkernt* ‖ *1 Knoblauchzehe, grob gehackt* ‖ *1/2 Zwiebel, grob gehackt* ‖ *1 EL pflanzliches Öl, zzgl. etwas zum Einpinseln und Braten* ‖ *1,5 l Hühnerbrühe* ‖ *3 große, frische Zweige Pazote oder Koriander* ‖ *8 weiche Maistortillas* ‖ *2 Pasilla-Chilis* ‖ *100 g Feta-Käse, gewürfelt* ‖ *1 große, reife Avocado, entsteint, geschält und gewürfelt* ‖ *Salz und schwarzer Pfeffer, frisch gemahlen*

EINS Die Tomaten im Mixer mit dem Knoblauch und der Zwiebel pürieren, bei Bedarf etwas Hühnerbrühe zugeben. **ZWEI** Das Öl in einem großen Topf erhitzen, das Tomatenpüree zugeben und bei mittlerer Hitze 2 Min. kochen, dann bei schwacher Hitze ca. 8 Min. unter ständigem Rühren köcheln lassen. **DREI** Die Brühe zufügen und aufkochen, das Pazote zufügen und bei geringer Hitze ca. 15 Min. köcheln lassen. Den Gewürzzweig herausnehmen und mit Salz und Pfeffer abschmecken. **VIER** Die Tortillas auf beiden Seiten mit etwas Öl bestreichen und in schmale Streifen schneiden. Auf einem Backblech bei 180 °C, Gas Stufe 4, ca. 8–10 Min. backen, bis sie goldbraun sind. **FÜNF** Die Chilis in 5 mm breite Ringe schneiden und entkernen. Etwas Öl in einer kleinen Pfanne erhitzen und die Chilis ca. 10 Sekunden kross braten. Auf Küchenpapier abtropfen lassen. **SECHS** Je ein Viertel der Tortilla-Streifen, des Fetas, der Avocado und der Chiliringe in einen tiefen Teller geben, mit der heißen Suppe übergießen und sofort servieren.

Ergibt 4–6 Portionen

NÄHRWERTE JE PORTION 2019 kJ – 483 kcal – 13 g Protein – 50 g Kohlenhydrate – 3 g Zucker – 26 g Fett – 6 g gesättigte Fettsäuren – 3 g Ballaststoffe – 786 mg Natrium

GESUNDHEITSTIPP Wenn reine Maistortillas verwendet werden, eignet sich diese Suppe für Glutenallergiker. (Achtung, manche Maistortillas enthalten Weizenmehl.) Tomaten und Avocados sind reich an Vitaminen, Mineralien und Ballaststoffen.

Fisch und Meeresfrüchte

Thunfisch-Steak mit Salsa Arriera

Zu dem wunderbar kräftigen Geschmack eines scharf angebratenen Thunfisch-Steaks gehört eine gute Salsa. Die *salsa arriera* mit Zwiebeln und Chili in Limettensaft und einem Hauch Oregano ist extrem scharf, aber man kann sie etwas milder herstellen, indem man weniger Chilis nimmt und diese entkernt.

ZUTATEN *4 frische Thunfisch-Steaks à 175 g* ‖ *1 EL Olivenöl* ‖ *1 Knoblauchzehe, gepresst* ‖ *Salz und schwarzer Pfeffer, frisch gemahlen* ‖ *Limettenschnitze, zum Garnieren oder Schnittlauchröllchen, zum Garnieren*

SALSA ARRIERA *100 g Zwiebeln, fein gehackt* ‖ *100 ml Limettensaft, frisch gepresst* ‖ *4–5 grüne Chilis, fein gehackt (entkernt für einen milderen Geschmack)* ‖ *1 TL getrockneter Oregano* ‖ *Salz und schwarzer Pfeffer, frisch gemahlen*

EINS Die Thunfisch-Steaks mit dem Öl und dem Knoblauch einreiben und mit Salz und Pfeffer würzen. Zugedeckt im Kühlschrank mindestens 20 Min. ziehen lassen. ZWEI Alle Zutaten für die *salsa arriera* in eine Schüssel geben, gut mischen und bei Zimmertemperatur 15 Min. ziehen lassen, dann abschmecken. DREI Eine Grillpfanne bei mittlerer Hitze vorwärmen, die Thunfisch-Steaks auflegen und ca. 2–3 Min. je Seite braten, bis sie leicht gebräunt und fest, aber noch nicht trocken sind. VIER Die Thunfisch-Steaks auf eine vorgewärmte Servierplatte legen und die *salsa arriera* darübergeben. Mit den Zitronenschnitzen sofort servieren.

Ergibt 4 Portionen

NÄHRWERTE JE PORTION 1185 kJ – 280 kcal – 43 g Protein – 3 g Kohlenhydrate – 2 g Zucker – 11 g Fett – 3 g gesättigte Fettsäuren – 0 g Ballaststoffe – 85 mg Natrium

GESUNDHEITSTIPP Thunfisch ist eine hervorragende Proteinquelle, enthält aber auch Selen, Magnesium, Kalium sowie die B-Vitamine Niazin, B1 und B6 – nicht zu vergessen natürlich die Omega-3-Fettsäuren. Die Zutaten der Salsa stärken das Immunsystem.

Seezungenfilet mit Petersiliensauce

Das Geheimnis dieses fabelhaft eleganten Gerichtes liegt in der schonenden Zubereitung des frischen Fischfilets und der Hervorhebung seines feinen Eigengeschmacks durch die frischen Kräuter Petersilie und Koriander.

ZUTATEN *4 Seezungenfilets à 175 g, küchenfertig* ‖ *2 EL Olivenöl* ‖ *2 EL trockener Weißwein* ‖ *Salz und schwarzer Pfeffer, frisch gemahlen* ‖ *einfacher Weißer Reis (Seite 41 – ohne Chili) als Beilage*

PETERSILIENSAUCE *3 EL Olivenöl* ‖ *3 Knoblauchzehen, fein gewürfelt* ‖ *3 EL glatte Petersilie, fein gehackt* ‖ *3 EL frische Korianderblätter, fein gehackt* ‖ *30 g Butter* ‖ *1/2 TL Limettensaft, frisch gepresst* ‖ *Salz und schwarzer Pfeffer, frisch gemahlen*

EINS Die Seezungenfilets mit dem Öl bestreichen und mit Salz und Pfeffer würzen. Die Filets in eine große Pfanne legen, mit dem Weißwein beträufeln und bei geringer Hitze ca. 7–10 Min. gar dünsten. ZWEI Inzwischen für die Sauce das Öl in einem großen Topf erhitzen und den Knoblauch bei mittlerer Hitze 1 Min. braten. Die Petersilie und den Koriander zufügen und ca. 3 Min. braten. Die Hälfte der Butter zufügen und mit Salz und Pfeffer abschmecken. Den Zitronensaft zufügen, beiseitestellen und warm halten. Die restliche Butter erst unmittelbar vor dem Servieren unterrühren. DREI Die Seezungenfilets auf eine vorgewärmte Servierplatte legen und die Sauce darübergeben. Mit dem Weißen Reis *(Seite 41)* servieren.

Ergibt 4 Portionen

NÄHRWERTE JE PORTION 1370 kJ – 330 kcal – 30 g Protein – 0 g Kohlenhydrate – 0 g Zucker – 22 g Fett – 6 g gesättigte Fettsäuren – 0 g Ballaststoffe – 176 mg Natrium

GESUNDHEITSTIPP Weißfisch enthält neben Protein auch Mineralien und Vitamine, aber wenig Fett und Cholesterin. Petersilie ist harntreibend und gut bei Nierenleiden. Koriander wirkt antibiotisch und verdauungsfördernd, Knoblauch stärkt das Immunsystem.

Seebarsch mit Zitrusfrüchten

Frischer Seebarsch wird mit Limettenschale und Knoblauch in Orangensaft gedünstet – ein unerwartetes Geschmackserlebnis.

ZUTATEN *4 Seebarschfilets à 175 g, küchenfertig* ‖ *2 Knoblauchzehen, gepresst* ‖ *Schale von 1 Limette, fein gerieben* ‖ *2 EL Olivenöl* ‖ *1/2 TL Salz* ‖ *Saft von 2 Orangen, frisch gepresst* ‖ *einige Zweige Thymian und 4 Zweige, zum Garnieren* ‖ *schwarzer Pfeffer, frisch gemahlen* ‖ *Orangenschnitze, zum Garnieren*

EINS Das Fischfilet in einer Glasschüssel mit dem Knoblauch, der Limettenschale und dem Öl einreiben, mit Salz und Pfeffer würzen. Im Kühlschrank abgedeckt 1 Std. marinieren. **ZWEI** Den Orangensaft in einen großen Topf geben, die Thymianzweige zufügen und die Fischfilets darauflegen. Bei geringer Hitze zugedeckt 6–8 Min. dünsten, bis der Fisch gar ist. **DREI** Den Fisch auf einer vorgewärmten Platte anrichten, den Orangensaft aufkochen und einige Minuten reduzieren, dann über den Fisch gießen. **VIER** Den Fisch mit Orangenschnitzen und Thymianzweigen garniert heiß servieren.

Ergibt 4 Portionen

NÄHRWERTE JE PORTION 999 kJ – 238 kcal – 34 g Protein – 3 g Kohlenhydrate – 3 g Zucker – 10 g Fett – 2 g gesättigte Fettsäuren – 0 g Ballaststoffe – 364 mg Natrium

GESUNDHEITSTIPP Dieses Rezept kombiniert die gesunden Eigenschaften der Orangen als Antioxidans und Stimulans für Leber- und Immunsystem mit denen des fettarmen Seebarsches. Dieser Fisch ist reich an knochenstärkendem Magnesium.

Rotbarsch nach Veracruz-Art

Dieses äußerst beliebte mexikanische Gericht wird üblicherweise mit Rotbarsch zubereitet, bringt aber auch jeden anderen Weißfisch zur Geltung. Die international gefeierte Sauce ist eine Kombination zweier Kulturen – der ursprünglich mexikanischen und der spanischen.

ZUTATEN *4 Rotbarsch- oder Weißfischfilets à 175 g, küchenfertig ‖ 1 EL Limettensaft, frisch gepresst ‖ 1 EL Olivenöl ‖ 1 Zwiebel, fein gehackt ‖ 2 Knoblauchzehen, fein gehackt ‖ 8 große Pflaumentomaten, gehäutet, entkernt und fein gehackt ‖ 1 Jalapeño-Chili, entkernt und fein geschnitten ‖ 16 grüne Oliven, entsteint und in Ringe geschnitten ‖ 1 EL Kapern ‖ 1 Lorbeerblatt ‖ 1 Prise getrockneter Oregano ‖ 4 in Lake eingelegte gelbe Gemüsepaprika ‖ Salz und schwarzer Pfeffer, frisch gemahlen ‖ glatte Petersilie, zum Garnieren*

EINS Die Fischfilets in einer Glasschüssel mit Limettensaft, Salz und Pfeffer würzen, abgedeckt im Kühlschrank 35–40 Min. marinieren. ZWEI Das Öl in einer Pfanne erhitzen und die Zwiebeln bei mittlerer Hitze ca. 7 Min. weich dünsten. Den Knoblauch zugeben und 1 Min. braten. Die Tomaten, die Chili, die Olivenringe, die Kapern, das Lorbeerblatt und den Oregano zugeben und aufkochen. Bei geringer Hitze ca. 20 Min. unter ständigem Rühren köcheln lassen. Mit Salz und Pfeffer abschmecken und abkühlen lassen. DREI Die Fischfilets in die kalte Sauce geben, dabei muss der Fisch ganz mit Sauce bedeckt sein. Bei geringer Hitze zugedeckt ca. 6–8 Min. köcheln lassen, bis der Fisch gar ist. VIER Mit den eingelegten gelben Paprika und der Petersilie garnieren und umgehend servieren.

Ergibt 4 Portionen

NÄHRWERTE JE PORTION 1100 kJ – 264 kcal – 35 g Protein – 10 g Kohlenhydrate – 9 g Zucker – 9 g Fett – 1 g gesättigte Fettsäuren – 4 g Ballaststoffe – 560 mg Natrium

GESUNDHEITSTIPP Tomaten enthalten die Vitamine A und C, Oliven sind reich an Vitamin A und E und enthalten Phosphor, Kalium und Mangan. Besonders Oliven sollen vor Herz-Kreislauf-Krankheiten schützen.

Gemische Meeresfrüchte

Die Tausende von Kilometern Küstenlinie bescheren Mexiko einen unermesslichen Reichtum an köstlichem Fisch und Schalentieren. Regionale Zutaten und Rezepte sorgen für weitere Vielfalt. Dieses Rezept vereint eine verlockende Mischung an Meeresfrüchten in einer Sauce aus frischen Tomaten.

ZUTATEN *4 EL Olivenöl ‖ 1/2 Zwiebel, fein gehackt ‖ 4 Knoblauchzehen, gepresst ‖ 1 kg Tomaten, gehäutet, entkernt und gewürfelt ‖ 1 Lorbeerblatt ‖ 300 g ungekochte Riesen-Tiger-Garnelen, geschält und vom Darmfaden befreit ‖ 300 g ungekochte Riesen-Jakobsmuscheln, nur das weiße Fleisch ‖ 300 g Heilbuttfilet, in mundgerechte Stücke geschnitten ‖ 300 g ungekochter kleiner Tintenfisch (Kalmar), ausgenommen und in Ringe geschnitten ‖ 300 g gekochter großer Tintenfisch (Krake), in 3 cm große Stücke geschnitten ‖ 1 EL glatte Petersilie, fein gehackt ‖ Salz und schwarzer Pfeffer, frisch gemahlen ‖ einfacher Weißer Reis (Seite 41 – ohne Chili) als Beilage*

EINS 2 EL Öl in einem Topf erhitzen und die Zwiebeln darin bei mittlerer Hitze weich dünsten. Den Knoblauch zufügen und 1 Min. braten. Die Tomaten und das Lorbeerblatt zugeben und aufkochen. Bei geringer Hitze unter ständigem Rühren ca. 20 Min. köcheln lassen. Mit Salz und Pfeffer abschmecken. Im Bedarfsfall etwas Wasser zufügen. Die Sauce warmhalten. ZWEI Das restliche Öl in einem Wok oder einer Pfanne erhitzen, die Garnelen, die Muscheln, den Heilbutt, die Tintenfischringe und die Tintenfischstücke zugeben, Salz und Pfeffer zufügen und bei starker Hitze 2–3 Minuten braten. Die heiße Sauce zugeben und kurz aufkochen. Nochmals abschmecken. DREI Die Meeresfrüchte mit Petersilie garnieren und auf einer vorgewärmten Platte mit dem Weißen Reis *(Seite 41)* servieren.

Ergibt 4 Portionen

NÄHRWERTE JE PORTION 1876 kJ – 445 kcal – 61 g Protein – 13 g Kohlenhydrate – 8 g Zucker – 17 g Fett – 3 g gesättigte Fettsäuren – 4 g Ballaststoffe – 754 mg Natrium

GESUNDHEITSTIPP Schalentiere sind eine exzellente Proteinquelle, außerdem fettarm und reich an essenziellen Mineralien wie Zink, Selen und Kupfer. Sie enthalten außerdem Vitamin B12 und Niazin.

Heilbuttfilet in Chilisauce

Genießen Sie die feine Konsistenz und das zarte Aroma des Heilbutts in einer üppigen Chili-Sauce.

ZUTATEN *4 Heilbutt- oder anderer Weißfischfilets à 175 g , ohne Haut, küchenfertig* ‖ *2 EL Olivenöl* ‖ *1 1/2 EL Limettensaft, frisch gepresst* ‖ *2 Ancho-Chilis* ‖ *2 Mulato-Chilis* ‖ *2 Guajillo-Chilis* ‖ *4 Knoblauchzehen, fein gehackt* ‖ *250 ml trockener Weißwein* ‖ *einige Tropfen Worcestershiresauce* ‖ *Salz und schwarzer Pfeffer, frisch gemahlen* ‖ *1 Zweig glatte Petersilie, zum Garnieren* ‖ *einfacher Weißer Reis (Seite 41 – ohne Chili) als Beilage*

EINS Die Fischfilets in einer Glasschüssel mit 1 EL Öl und 1/2 EL Limettensaft einreiben und mit Salz und Pfeffer würzen. Zugedeckt im Kühlschrank 15–20 Min. marinieren. ZWEI Die Chilis unter fließendem Wasser waschen, die Stiele und die Kerne entfernen, trocken tupfen und in feine Ringe schneiden. DREI Das restliche Öl in einer Pfanne erhitzen und bei mittlerer Hitze den Knoblauch 1 Min. braten. Die Chilis zufügen und 1 Min. weiter braten. Den restlichen Limettensaft, den Weißwein und die Worcestershiresauce zufügen und ca. 5 Min. köcheln lassen. Mit Salz und Pfeffer abschmecken und abkühlen lassen. VIER Die Fischfilets in die kalte Sauce geben, den Fisch mit Sauce ganz bedecken. Zugedeckt ca. 8 Min. bei geringer Hitze köcheln lassen, bis der Fisch gar ist. FÜNF Den Fisch mit Petersilie garniert umgehend mit Weißem Reis *(Seite 41)* servieren.

Ergibt 4 Portionen

NÄHRWERTE JE PORTION 1108 kJ – 264 kcal – 32 g Protein – 2 g Kohlenhydrate – 2 g Zucker – 10 g Fett – 1 g gesättigte Fettsäuren – 0 g Ballaststoffe – 168 mg Natrium

GESUNDHEITSTIPP Fisch ist reich an Proteinen, Mineralien und Vitaminen und fettärmer als Fleisch. Das Dünsten des Fisches in der Sauce dient nicht nur dem Geschmack, sondern auch dem Erhalt der Nährstoffe.

Kabeljaufilet in Tomatillo-Sauce

Dieses Fischgericht wird mit einer der landesweit beliebtesten Saucen zubereitet, in der *tomatillos* die Hauptrolle spielen. Diese kleinfrüchtigen Beeren haben eine papierartige Hülle, die die grüne Frucht umschließt. Wählen Sie feste Früchte mit trockenen, fest sitzenden Hüllblättern, die vor Gebrauch entfernt werden.

ZUTATEN *1 Kabeljaufilet, etwa 750 g* ‖ *1 EL Olivenöl* ‖ *1 Knoblauchzehe, gepresst* ‖ *Saft von 1/2 Limette, frisch gepresst* ‖ *Salz und schwarzer Pfeffer, frisch gemahlen*

SALSA VERDE *225 g Tomatillos, ohne Hüllblätter* ‖ *30 g frische Korianderblätter* ‖ *30 g Zwiebel n* ‖ *2 Jalapeño-Chilis* ‖ *4 Frühlingszwiebeln, diagonal geschnitten, zum Garnieren*

EINS Das Fischfilet in einer Glasschüssel mit dem Öl und dem Knoblauch einreiben, mit Salz und Pfeffer würzen und den Limettensaft darüberträufeln. Zugedeckt beiseitestellen. ZWEI Die Zutaten für die *salsa verde* in einem Mixer pürieren. DREI Das Fischfilet in eine große Pfanne legen, die Sauce darübergeben und bei geringer Hitze 7–10 Min. gar dünsten. VIER Das Filet auf einer vorgewärmten Platte mit der Sauce anrichten, mit den Zwiebeln garnieren und umgehend servieren.

Ergibt 4 Portionen

NÄHRWERTE JE PORTION 778 kJ – 184 kcal – 34 g Protein – 3 g Kohlenhydrate – 3 g Zucker – 4 g Fett – 1 g gesättigte Fettsäuren – 1 g Ballaststoffe – 150 mg Natrium

GESUNDHEITSTIPP Weißer Fisch ist bekannt für ausgewogene Nährstoffe. Besonders Kabeljau stärkt das Herz-Kreislauf-System durch den niedrigen Fettgehalt, der zudem besonders viele blutverdünnende Omega-3-Fettsäuren enthält. (Verwenden Sie nach Möglichkeit Kabeljau aus nachhaltiger Fischerei oder Zuchtfisch.) Die *salsa verde* enthält die Vitamine A und C und ist reich an Ballaststoffen.

Gefüllte Regenbogenforelle

Die Füllung aus Zwiebel, Chili, Knoblauch und frischem Koriander gibt diesen Forellen den besonderen Pfiff.

ZUTATEN *4 Regenbogenforellen, ausgenommen und küchenfertig ‖ 2 EL Limettensaft, frisch gepresst ‖ Salz und schwarzer Pfeffer, frisch gemahlen ‖ 1 EL Olivenöl und etwas Öl zum Einpinseln ‖ 1/2 Zwiebel, fein gehackt ‖ 2 Knoblauchzehen, fein gehackt ‖ 2 grüne Chilis, in feine Ringe geschnitten ‖ 2 rote Chilis, in feine Ringe geschnitten ‖ 1 Bund frische Korianderblätter, gehackt*

EINS Den Fisch abspülen und trocken tupfen, die Seiten jedes Fisches jeweils 3-mal diagonal tief einschneiden. Die Forellen innen und außen mit Limettensaft einreiben, salzen und pfeffern. ZWEI Das Öl in einer Pfanne erhitzen und die Zwiebel ca. 7 Min. bei geringer Hitze glasig dünsten. Den Knoblauch und die Chilis zugeben und 1 Min. weiterbraten. Beiseitestellen und abkühlen lassen, dann den Koriander zugeben und mit Salz und Pfeffer abschmecken. DREI Jeweils eine Forelle mit je einem Viertel der Koriandermischung füllen, etwas in die seitlichen Schnitte reiben. VIER Vier Quadrate (30 x 30 cm) aus Backpapier ausschneiden, je eine Seite mit etwas Öl bestreichen, dabei die Ecken aussparen. Die Forellen auf je eine Papierhälfte legen, die andere Hälfte überschlagen und die Papierränder fest zusammendrehen. FÜNF Die Päckchen auf ein leicht gefettetes Backblech legen und bei 200 °C, Gas Stufe 6, 18–20 Min. backen, bis die Forellen gar sind. SECHS Die Forellen in den Papierpäckchen servieren.

Ergibt 4 Portionen

NÄHRWERTE JE PORTION 1155 kJ – 275 kcal – 37 g Protein – 1 g Kohlenhydrate – 1 g Zucker – 14 g Fett – 3 g gesättigte Fettsäuren – 0 g Ballaststoffe – 96 mg Natrium

GESUNDHEITSTIPP Forellen sind reich an Omega-3-Fettsäuren und können durch Reduzierung des Blutfettwertes das Herzinfarktrisiko senken. Sie enthalten außerdem Vitamine und Mineralien und natürliche Öle, die Haut und Haar gesund erhalten. Mindestens eine Portion fetthaltiger Fisch sollte pro Woche verzehrt werden.

Tiger-Garnelen-Spießchen mit Knoblauchöl

Garnelen sind die beliebtesten Schalentiere der Mexikaner. Sie kommen sowohl im Golf von Mexiko als auch an der Pazifikküste vor und bereichern viele regionale Gerichte. Die Kombination mit Knoblauch und Chili ist typisch für Zentralmexiko.

ZUTATEN *20 ungekochte, ganze Riesen-Tiger-Garnelen (mit Kopf)*

MARINADE *1/4 Zwiebel, gehackt* ‖ *1–2 Knoblauchzehen, gehackt* ‖ *2 EL Olivenöl* ‖ *Salz und schwarzer Pfeffer, frisch gemahlen*

AJILLO-ÖL *2 Guajillo-Chilis* ‖ *4 EL Olivenöl* ‖ *5 Knoblauchzehen, geschält*

EINS Die Garnelen schälen, jedoch Kopf und Schwanz nicht entfernen (im Ganzen sehen sie appetitlicher aus). Die Garnelen entlang des Rückens einschneiden und den Darmfaden entfernen. Abspülen und trocken tupfen. ZWEI Die Zutaten für die Marinade in einem Mixer pürieren, die Garnelen mit der Marinade bedecken und zugedeckt im Kühlschrank mindestens 30 Min. marinieren. DREI Für das Ajillo-Öl die Chilis entkernen und in Ringe schneiden, das Öl in einem kleinen Topf erhitzen und die ganzen Knoblauchzehen bei mittlerer Hitze bräunen. Die Chiliringe zugeben und einige Sekunden braten, dann den Topf beiseitestellen, umrühren und 15 Min. ruhen lassen. VIER Den Grill auf mittlerer Hitze vorheizen, währenddessen die Garnelen auf Spießchen stecken. Die Garnelen 2–3 Min. von jeder Seite grillen. Sie sind fertig, wenn sie rosafarben sind und sich stark krümmen. FÜNF Die Garnelenspieße auf einer vorgewärmten Platte anrichten, mit dem Ajillo-Öl beträufeln und sofort servieren.

Ergibt 4 Portionen

NÄHRWERTE JE PORTION 805 kJ – 195 kcal – 9 g Protein – 1 g Kohlenhydrate – 1 g Zucker – 17 g Fett – 2 g gesättigte Fettsäuren – 0 g Ballaststoffe – 96 mg Natrium

GESUNDHEITSTIPP Garnelen enthalten wenig gesättigte Fettsäuren, aber viel Protein und Magnesium, das Knochen, Nerven und Muskeln stärkt. Auch das wachstumsfördernde Zink und das Antioxidans Selen dienen der Gesundheit. Knoblauch ist antibakteriell und wirkt ebenfalls als Antioxidans.

Eiergerichte

Eier nach Ranchero-Art

Auf einer Ranch muss gut gefrühstückt werden – mit diesem Gericht gelingt das zweifellos. Spiegeleier bedecken eine Maistortilla, eine köstliche Tomatensauce rundet das Gericht ab. Traditionell gibt es schwarze Bohnen dazu und extra Tortillas oder knuspriges Weißbrot, mit dem man die Sauce bis zum letzten Rest aufnehmen kann.

ZUTATEN *4 weiche Maistortillas* ‖ *pflanzliches Öl zum Einpinseln* ‖ *8 große Bio-Freilandeier*
RANCHERA-SAUCE *4 mittelgroße, reife Tomaten* ‖ *1/2 Zwiebel, grob gehackt* ‖ *1 Knoblauchzehe, grob gehackt* ‖ *4 grüne Chilis, entkernt und grob gehackt* ‖ *1 EL pflanzliches Öl* ‖ *Salz* ‖ *glatte Petersilie zum Garnieren*

EINS Die Tomaten, die Zwiebel, den Knoblauch und die Chilis in einem Mixer pürieren. ZWEI Das Öl in einem Topf erhitzen und die Tomatenmischung bei mittlerer Hitze ca. 10 Min. unter ständigem Rühren köcheln lassen. Salzen und warmhalten. DREI Eine große Pfanne bei mittlerer Hitze vorwärmen, die Tortillas mit Öl bestreichen und jeweils ca. 30 Sek. backen, bis sie weich sind. Warm halten. VIER Eine beschichtete Pfanne ohne Öl vorwärmen, jeweils 2 Eier hineingeben und bei geringer Hitze braten, bis das Eiweiß fest ist. FÜNF Jeweils eine Tortilla auf einen Teller legen, je 2 Eier darauflegen. Die Sauce nur über das Eiweiß geben, mit Petersilie garnieren und heiß servieren.

Ergibt 4 Portionen

NÄHRWERTE JE PORTION 1485 kJ – 355 kcal – 19 g Protein – 26 g Kohlenhydrate – 3 g Zucker – 19 g Fett – 4 g gesättigte Fettsäuren – 2 g Ballaststoffe – 275 mg Natrium

GESUNDHEITSTIPP Um den Fettgehalt zu reduzieren, werden die Eier ohne Öl in einer beschichteten Pfanne gebacken und die Tortillas nicht, wie sonst üblich, frittiert.

Mexikanisches Rührei

Dieses köstliche Rührei mit Tomate, Zwiebel und grüner Chili ist als Rührei ‚à la mexicana' bekannt, da die Farben die Nationalflagge widerspiegeln. Es ist ein typisches Frühstücksgericht und wird natürlich mit Maistortillas, Bohnen und *salsa* serviert.

ZUTATEN *1 1/2 EL pflanzliches Öl* ‖ *1/2 Zwiebel, fein gehackt* ‖ *8 große Bio-Freilandeier, verquirlt* ‖ *3 Pflaumentomaten, gehäutet, entkernt und fein gehackt* ‖ *2 grüne Chilis, entkernt und gehackt* ‖ *Salz*

EINS Das Öl in einer großen Pfanne erhitzen und die Zwiebel glasig dünsten. ZWEI Die verquirlten Eier, die Tomaten und die Chilis zugeben. Die Eiermasse vorsichtig so lange rühren, bis die gewünschte Konsistenz erreicht ist. DREI Auf einem vorgewärmten Teller sofort servieren.

Ergibt 4 Portionen

NÄHRWERTE JE PORTION 900 kJ – 217 kcal – 15 g Protein – 3 g Kohlenhydrate – 3 g Zucker – 16 g Fett – 4 g gesättigte Fettsäuren – 1 g Ballaststoffe – 164 mg Natrium

GESUNDHEITSTIPP Rührei ist besonders leicht verdaulich. Wenn Sie sich um Ihren Cholesterinspiegel sorgen, probieren Sie dieses Rezept nur mit dem Eiweiß. Es enthält mehr als die Hälfte des Ei-eigenen Proteins, Kaliums und Riboflavins, aber kein Cholesterin.

‚Geschiedene' Eier

Besonders bekannt in Mexiko-Stadt sind die geschiedenen Eier – Spiegeleier auf Maistortillas – eins mit roter und eins mit grüner Sauce garniert. Die übliche Beilage sind schwarze Bohnen.

ZUTATEN *4 weiche Maistortillas* ‖ *pflanzliches Öl zum Einpinseln* ‖ *8 große Bio-Freilandeier*

ROTE SAUCE *4 mittelgroße, reife Tomaten* ‖ *1/2 Zwiebel, grob gehackt* ‖ *1 Knoblauchzehe, grob gehackt* ‖ *4 grüne Chilis, grob gehackt* ‖ *1 EL pflanzliches Öl* ‖ *Salz*

GRÜNE SAUCE *225 g Tomatillos, ohne Hüllblätter* ‖ *30 g frische Korianderblätter* ‖ *30 g Zwiebel* ‖ *2 grüne Chilis, entkernt* ‖ *Salz*

EINS Für die rote Sauce Tomaten, Zwiebel, Knoblauch und Chilis im Mixer pürieren. Das Öl in einem mittelgroßen Topf erhitzen, die Tomatenmischung zugeben und bei mittlerer Hitze ca. 10 Min. unter ständigem Rühren köcheln lassen. Salzen und warmhalten. **ZWEI** Die Zutaten für die grüne Sauce pürieren, in einem Topf aufkochen, salzen und warmhalten. **DREI** Eine große Pfanne vorwärmen und die mit Öl eingepinselten Tortillas jeweils ca. 30 Sek. backen, bis sie weich sind. Unter Folie warmhalten. **VIER** Eine beschichtete Pfanne ohne Öl vorwärmen, jeweils 2 Eier hineingeben und bei geringer Hitze braten, bis das Eiweiß fest ist. **FÜNF** Jeweils eine Tortilla auf einen Teller geben und je 2 Spiegeleier darübergeben. Die rote Sauce über ein Eiweiß geben, die grüne Sauce über das andere. Sofort servieren.

Ergibt 4 Portionen

NÄHRWERTE JE PORTION 1455 kJ – 346 kcal – 20 g Protein – 30 g Kohlenhydrate – 6 g Zucker – 17 g Fett – 4 g gesättigte Fettsäuren – 4 g Ballaststoffe – 280 mg Natrium

GESUNDHEITSTIPP Die Eier für dieses gesunde Frühstück sind reich an hochwertigem Protein, Vitaminen und Mineralien. Die Saucen liefern Ballaststoffe und die Zubereitung in einer beschichteten Pfanne reduziert den Fettgehalt des Gerichtes.

Pochierte Eier ‚Rabo de mestiza'

Dieses farbenprächtige Gericht ist eine aufregende Mischung unterschiedlicher Konsistenzen und Aromen. Die Eier werden in Tomatensauce mit Chilistreifen pochiert und mit Frischkäse garniert – manchmal sogar noch mit einem Sahnehäubchen. ‚Rabo de mestiza' ist ein traditionelles Fastengericht.

ZUTATEN *2 Poblano-Chilis* ‖ *750 g reife Tomaten* ‖ *1 Zwiebel, grob gehackt* ‖ *2 Knoblauchzehen, grob gehackt* ‖ *500 ml Hühnerbrühe* ‖ *1 1/2 EL pflanzliches Öl* ‖ *1 Lorbeerblatt* ‖ *8 große Bio-Freilandeier* ‖ *50 g Mozzarella, in feine Streifen geschnitten* ‖ *Salz* ‖ *frische Korianderblätter, gehackt, zum Garnieren* ‖ *warme, weiche Maistortillas als Beilage*

EINS Die Chilis mit einer Küchenzange über der offenen Gasflamme oder in einer ungefetteten Pfanne bei großer Hitze rösten, bis die Haut schwarz wird. In einen Plastikbeutel legen, den Beutel verschließen, in ein Küchentuch wickeln und 15 Min. ruhen lassen. Die Chilis häuten, entkernen, den Stiel entfernen, abspülen und trocken tupfen und in schmale Längsstreifen schneiden. ZWEI Tomaten, Zwiebel, Knoblauch und die Hälfte der Brühe im Mixer pürieren, dann durch ein Sieb streichen. DREI Das Öl in einem Topf mit 25 cm Durchmesser erhitzen und die Tomatenmischung mit dem Lorbeerblatt 15–20 Min. köcheln lassen, gelegentlich umrühren. Die Chilistreifen zugeben und falls notwendig etwas Brühe zugießen. Aufkochen und mit Salz abschmecken. VIER Die Eier vorsichtig aufschlagen und einzeln in die Sauce gleiten lassen. Zugedeckt einige Minuten köcheln, bis das Eiweiß fest ist. Den Mozzarella zugeben und den Topf vom Herd nehmen. FÜNF Mit Korianderblättern garnieren und sofort servieren, dazu warme Maistortillas reichen.

Ergibt 4 Portionen

NÄHRWERTE JE PORTION 1187 kJ – 284 kcal – 19 g Protein – 8 g Kohlenhydrate – 7 g Zucker – 20 g Fett – 6 g gesättigte Fettsäuren – 3 g Ballaststoffe – 456 mg Natrium

GESUNDHEITSTIPP Eier enthalten hochwertiges Protein, die Vitamine A und B und Mineralien, aber wenig Fett. Auch Tomaten enthalten die Vitamine A und C und weitere Antioxidanzien sowie Kalium und Ballaststoffe.

Grüne-Bohnen-Omelette mit Pasilla-Chili-Sauce

Diese Kombination aus Eiern und frischen, grünen Bohnen mit eleganter Chilisauce wird in Verbindung mit einem bunten Salat und knusprigem Brot zu einem schmackhaften und vollwertigen Mittagessen.

ZUTATEN *65 g grüne Bohnen* ‖ *8 große Bio-Freilandeier* ‖ *4 TL Butter* ‖ *Salz und schwarzer Pfeffer, frisch gemahlen* ‖ *glatte Petersilie, zum Garnieren* ‖ *warme Tortillas, als Beilage*

PASILLA-CHILI-SAUCE *4 getrocknete Pasilla-Chilis* ‖ *1/4 Zwiebel* ‖ *1 Knoblauchzehe, ungeschält* ‖ *1 TL pflanzliches Öl* ‖ *Salz*

EINS Die Chilis für die Sauce von Stielen, Kernen und Scheidewänden befreien, längs halbieren und in einer ungefetteten Pfanne bei mittlerer Hitze einige Sekunden von jeder Seite rösten. Die Chilis in einer hitzebeständigen Schüssel mit kochendem Wasser bedecken und 15–20 Min. einweichen. ZWEI Die Zwiebel und die Knoblauchzehe in die noch heiße Pfanne geben und weich braten. Abkühlen lassen, dann den Knoblauch schälen. DREI Die Chilis mit etwas Einweichwasser, der Zwiebel und der Knoblauchzehe im Mixer pürieren und durch ein Sieb streichen. VIER Das Öl in einem Topf erhitzen, die Chilimischung zugeben und bei mittlerer Hitze ca. 15 Min. köcheln lassen. Mit Salz abschmecken und warm halten. FÜNF Inzwischen die Bohnen ca. 5–10 Min. dämpfen. Sie sollten gar, aber nicht allzu weich sein. Die Bohnen in 1 cm lange Stücke schneiden und beiseitestellen. SECHS 2 Eier in einer Schüssel schaumig schlagen, mit Salz und Pfeffer würzen. 1 TL Butter in einer Omelette-Pfanne erhitzen, die Eier zugeben und unter leichtem Rühren braten, bis die Unterseite gestockt, die Oberseite aber noch cremig ist. Ein Viertel der Bohnen über das Omelette geben, dieses zur Hälfte falten und auf einer vorgewärmten Platte mit etwas Sauce übergießen und anrichten. Die restlichen 3 Omelettes auf gleiche Art herstellen, alle mit Petersilie garnieren und heiß mit warmen Tortillas servieren.

Ergibt 4 Portionen

NÄHRWERTE JE PORTION 955 kJ – 230 kcal – 15 g Protein – 1 g Kohlenhydrate – 1 g Zucker – 18 g Fett – 7 g gesättigte Fettsäuren – 1 g Ballaststoffe – 166 mg Natrium

GESUNDHEITSTIPP Den Fettgehalt dieses Gerichtes kann man reduzieren, wenn man eine beschichtete Omelette-Pfanne nimmt, die keine Butter benötigt. Grüne Bohnen sind kalorienarm, aber reich an Vitamin C, Vitamin K, Mangan und Ballaststoffen. Durch das Dämpfen bleiben ihre Nährstoffe erhalten.

Hühnerbrust mit Pinienkernsauce

Saucen mit Nüssen wie Pinienkernen und Mandeln passen ideal zu Hühnchengerichten. Diese elegante und delikate Sauce mit gemahlenen Pinienkernen und einem Hauch Chili hat eine feine, cremige Farbe und wird zu besonderen Gelegenheiten gereicht.

ZUTATEN *4 Hühnerbrustfilets à 175 g, ohne Haut und Knochen* ‖ *1 rote Chili, entkernt und in Längsstreifen geschnitten zum Garnieren*

MARINADE *1 Limette, Schale fein gerieben und Saft, frisch gepresst* ‖ *1 EL pflanzliches Öl* ‖ *Salz und schwarzer Pfeffer, frisch gemahlen*

SAUCE *1 EL pflanzliches Öl* ‖ *1 kleine Zwiebel, fein gehackt* ‖ *2 Knoblauchzehen, fein gehackt* ‖ *3 rote Chilis, entkernt und fein gehackt* ‖ *175 g Pinienkerne und 25 g leicht geröstet zum Garnieren* ‖ *250 ml Hühnerbrühe* ‖ *Salz und weißer Pfeffer*

EINS Die Marinade-Zutaten mit den Hühnerbrustfilets in einer Glasschüssel gut vermischen und zugedeckt im Kühlschrank über Nacht marinieren. ZWEI Die Hühnerbrustfilets mit ihrer Marinade in einer feuerfesten Form im Ofen bei 200 °C, Gas Stufe 6, ca. 30 Min. gar braten, 10 Min. ruhen lassen. DREI Während das Hühnchen im Ofen ist, das Öl in einem Topf erhitzen und die Zwiebel darin glasig dünsten. Den Knoblauch und die Chilis zufügen und 1 Min. braten. VIER Die Zwiebelmischung mit der Hühnerbrühe und den Pinienkernen im Mixer pürieren, dann wieder in den Topf geben. FÜNF Die Pinienkernsauce unter gelegentlichem Rühren 10 Min. köcheln lassen, bei Bedarf mehr Hühnerbrühe zufügen. Mit Salz und Pfeffer abschmecken. SECHS Jedes Hühnerbrustfilet in vier Stücke teilen und auf vorgewärmte Teller legen. Die Sauce darübergeben, mit gerösteten Pinienkernen und Chilistreifen garnieren und heiß servieren.

Ergibt 4 Portionen

NÄHRWERTE JE PORTION 2535 kJ – 610 kcal – 46 g Protein – 4 g Kohlenhydrate – 3 g Zucker – 46 g Fett – 5 g gesättigte Fettsäuren – 2 g Ballaststoffe – 330 mg Natrium

GESUNDHEITSTIPP Hühnchen enthält neben Proteinen auch Niacin, ein B-Vitamin, das vor Krebs schützt, sowie Selen. Pinienkerne sind reich an Ballaststoffen.

Hühnchen in Tomatillo-und-Chipotle-Chili-Sauce

Dieses Familiengericht wird mit Hühnchen- oder Schweinefleisch zubereitet und mit Weißem Reis, Bohnen und warmen Maistortillas zum Mittagessen verzehrt.

ZUTATEN *4 Hühnerbrustfilets à 175 g, ohne Haut und Knochen* ǁ *2 EL pflanzliches Öl* ǁ *1 Zwiebel, fein gehackt* ǁ *2 Knoblauchzehen, gepresst* ǁ *625 g frische Tomatillos, ohne Hüllblätter, gehackt* ǁ *2 in Adobo-Sauce eingelegte Chipotle-Chilis, gehackt* ǁ *1 TL feiner brauner Zucker* ǁ *1 TL getrockneter Oregano* ǁ *200 ml Hühnerbrühe* ǁ *Salz und schwarzer Pfeffer, frisch gemahlen*

EINS Die Hühnerbrustfilets von Fett befreien, mit Salz und Pfeffer würzen und in einem Topf mit 1 EL Öl von beiden Seiten leicht bräunen. Die Filets auf einem Teller verwahren. **ZWEI** Das restliche Öl in den Topf geben und die Zwiebel darin weich dünsten. Knoblauch, *tomatillos* und Chilis zugeben und 5 Min. braten. Zucker, Oregano und Brühe zugeben und 2 Min. köcheln, mit Salz und Pfeffer abschmecken. **DREI** Die Filets in die Sauce geben und zugedeckt ca. 25–30 Min. gar köcheln. Heiß servieren.

Ergibt 4 Portionen

NÄHRWERTE JE PORTION 1260 kJ – 300 kcal – 40 g Protein – 9 g Kohlenhydrate – 8 g Zucker – 12 g Fett – 3 g gesättigte Fettsäuren – 3 g Ballaststoffe – 158 mg Natrium

GESUNDHEITSTIPP Hühnchen sollte immer ohne Haut gegart werden, das reduziert den Fettgehalt. Das Fleisch der Hühnerbrust ist besonders mager.

Hühnchen-Mixiotes in Mandel-Chili-Sauce

Mixiote ist die äußere Haut der dickfleischigen Blätter der Agave, eine Pflanze aus der Familie der Sukkulenten. In diese Haut wurden mundgerechte Stücke marinierten Fleisches eingepackt. Heute verwendet man statt der Agavenhaut Backpapier für die Zubereitung dieses Gerichts.

ZUTATEN *4 Hühnerbrustfilets à 175 g, ohne Haut und Knochen, gewürfelt* ‖ *warme, weiche Maistortillas, als Beilage* SAUCE *3 Ancho-Chilis* ‖ *1 Tomate* ‖ *1/4 Zwiebel, grob gehackt* ‖ *2 Knoblauchzehen, ungeschält* ‖ *200 ml Hühnerbrühe* ‖ *1 EL pflanzliches Öl* ‖ *50 g Mandeln mit Haut, gemahlen* ‖ *1/4 TL getrockneter Oregano* ‖ *1 Prise getrockneter Thymian* ‖ *Salz*

EINS Die Chilis für die Sauce von Stielen, Kernen und Scheidewänden befreien, längs halbieren und in einer ungefetteten Pfanne bei mittlerer Hitze einige Sekunden von jeder Seite rösten. Die Chilis in einer hitzebeständigen Schüssel mit kochendem Wasser bedecken und 15–20 Min. einweichen. ZWEI Tomate, Zwiebel und Knoblauchzehen in einer ungefetteten Pfanne weich rösten, dabei gelegentlich wenden. Abkühlen lassen und den Knoblauch schälen. DREI Die Chilis abtropfen lassen, mit Tomate, Zwiebel, Knoblauch und Hühnerbrühe im Mixer pürieren und durch ein Sieb streichen. VIER Das Öl in einem großen Topf erhitzen und die Sauce, Mandeln und Kräuter unter ständigem Rühren 15 Min. gar köcheln. Mit Salz abschmecken und abkühlen lassen. FÜNF Das Hühnchenfleisch in einer Glasschüssel mit der Sauce mischen und zugedeckt im Kühlschrank mind. 2 Std. marinieren. SECHS Vier Quadrate (24 x 24 cm) aus Backpapier schneiden und je ein Viertel der Hühnchenmischung in die Mitte jedes Quadrats geben. Die Ränder mit Schnur hochbinden, sodass kleine Päckchen entstehen. SIEBEN Die Päckchen in einer feuerfesten Form in die halb mit kochendem Wasser gefüllte Fettpfanne setzen und bei 180 °C, Gas Stufe 4, 50 Min. im Ofen garen. ACHT Die Päckchen heiß mit warmen Maistortillas servieren.

Ergibt 4 Portionen

NÄHRWERTE JE PORTION 1330 kJ – 317 kcal – 42 g Protein – 3 g Kohlenhydrate – 2 g Zucker – 16 g Fett – 3 g gesättigte Fettsäuren – 2 g Ballaststoffe – 335 mg Natrium

GESUNDHEITSTIPP Dämpfen ist die gesündeste Art der Zubereitung, da mehr Nährstoffe erhalten bleiben. Auch die Konsistenz und die Aromen werden geschont.

Putenbrust mit Mole-Sauce nach Xico-Art

Diese *Mole*-Sauce (benannt nach dem Nahuatl-Wort *molli* für Sauce) stammt aus Xico im Bundesstaat Veracruz. Bereiten Sie die *Mole*-Sauce im Voraus zu, damit sich das Aroma entwickeln kann.

ZUTATEN *1 ganze Putenbrust, etwa 2–3 kg, halbiert* ‖ *1 Zwiebel* ‖ *4 Knoblauchzehen, geschält* ‖ *Weißer Reis (Seite 41 – ohne Chili) als Beilage* ‖ *glatte Petersilie, gehackt, zum Garnieren*

MOLE-SAUCE *125 g Mulato-Chilis* ‖ *40 g Pasilla-Chilis* ‖ *20 g Ancho-Chilis* ‖ *1/2 große Zwiebel, gehackt* ‖ *3 Knoblauchzehen, geschält* ‖ *300 g Tomaten* ‖ *5 EL pflanzliches Öl* ‖ *2 weiche Maistortillas* ‖ *1 Brötchen* ‖ *75 g Dörrpflaumen, entsteint* ‖ *30 g Rosinen* ‖ *1/4 Kochbanane* ‖ *25 g blanchierte Mandeln, geröstet* ‖ *25 g blanchierte Haselnüsse, geröstet* ‖ *25 g Pinienkerne, geröstet* ‖ *25 g Sesamsamen, geröstet und 1 EL zum Garnieren* ‖ *25 g Walnüsse, geröstet* ‖ *1/4 TL Anissamen* ‖ *1/2 Zimtstange, zerbrochen und geröstet* ‖ *2 ganze Gewürznelken, geröstet* ‖ *3 Pimentkörner, geröstet* ‖ *5 schwarze Pfefferkörner, geröstet* ‖ *40 g feiner brauner Zucker* ‖ *Salz*

EINS Putenbrust mit Zwiebel und Knoblauch in einem großen Topf mit Wasser bedecken, aufkochen und 1–1 1/2 Std. gar köcheln lassen, dabei Schaum abschöpfen. Das Putenfleisch herausnehmen, die Brühe durch ein Sieb geben, abkühlen lassen und im Kühlschrank bewahren. ZWEI Die Chilis für die Sauce von Stielen, Kernen und Scheidewänden befreien, längs halbieren und in einer ungefetteten Pfanne bei mittlerer Hitze einige Sekunden von jeder Seite rösten. Die Chilis in einer hitzebeständigen Schüssel mit kochendem Wasser bedecken und 15–20 Min. einweichen. DREI Zwiebel, Knoblauchzehen und Tomaten in einer Pfanne weich dünsten. VIER Die Chilis mit etwas Einweichwasser und der Tomatenmischung im Mixer pürieren und durch ein Sieb streichen. FÜNF Die Hälfte des Öls in einem Topf erhitzen, die Chilimischung zugeben und unter gelegentlichem Rühren 20 Min. köcheln lassen. SECHS Das restliche Öl in einer Pfanne erhitzen und nacheinander Tortillas, Brötchen, Dörrpflaumen, Rosinen und Kochbananen kurz anbraten. Diese Zutaten mit der Chilimischung pürieren. SIEBEN Nüsse, Samen und Gewürze mahlen, zur Sauce geben und unter ständigem Rühren ca. 45 Min. köcheln, bis eine dicke Paste entsteht. Bei Bedarf etwas Puten-Kochsud zugeben. Den Zucker zugeben und mit Salz abschmecken. ACHT Die Putenbrust in Scheiben schneiden, zur Sauce geben und 10 Min. köcheln. Die Putenscheiben mit Sauce anrichten, Sesamsamen und Petersilie darüberstreuen und mit Weißem Reis servieren.

Ergibt 8 Portionen

NÄHRWERTE JE PORTION 2216 kJ – 530 kcal – 44 g Protein – 27 g Kohlenhydrate – 15 g Zucker – 28 g Fett – 5 g gesättigte Fettsäuren – 4 g Ballaststoffe – 204 mg Natrium.

Enten-Tacos

Ente wurde in Mexiko schon vor der Ankunft der Spanier verzehrt, besonders in den südlichen Bundesstaaten. Dieses traditionelle Gericht wird in Mexiko-Stadt gern mit einer sehr scharfen Sauce in den Bars serviert, in denen Arbeiter essen, trinken und Domino spielen.

ZUTATEN *1 heiße, gebratene Ente, etwa 1,75 kg ‖ 16 weiche Maistortillas ‖ 1 Zwiebel, fein gehackt ‖ 8 grüne Chilis, entkernt und gehackt ‖ 30 g frische Korianderblätter, fein gehackt ‖ Salz ‖ Tomate, fein gehackt zum Garnieren ‖ Salsa Ihrer Wahl, als Beilage*

EINS Das Entenfleisch zerkleinern (dabei das Fett entfernen) und warm halten. **ZWEI** Die Tortillas jeweils ca. 30 Sek. von jeder Seite in einer ungefetteten Pfanne braten, bis sie weich sind. In einem Brotkorb unter einem Küchentuch warm halten. **DREI** Ca. 20 g Entenfleisch auf eine Tortilla geben, etwas Zwiebel, Chili und Koriander darüberstreuen, salzen und die Tortilla aufrollen. Mit den restlichen Zutaten ebenso verfahren und die fertigen Tortillas warm halten. **VIER** Die heißen Tortillas mit gehackter Tomate garnieren und mit einer scharfen *salsa* servieren.

Ergibt 4 Portionen

NÄHRWERTE JE PORTION (FÜR 16 TORTILLAS À 40 G) 3430 kJ – 816 kcal – 54 g Protein – 93 g Kohlenhydrate – 2 g Zucker – 25 g Fett – 4 g gesättigte Fettsäuren – 5 g Ballaststoffe – 570 mg Natrium

GESUNDHEITSTIPP Entenfleisch kann recht fett sein, daher sollte die Haut und so viel Fett wie möglich entfernt werden.

Fleisch

Rinderspießchen mit Salsa Mexicana

Die berühmte *salsa mexicana* spiegelt die Farben der mexikanischen Flagge wider: grün, weiß und rot, von den Chilis, dem Koriander, den Zwiebeln und den Tomaten. Das kräftige Aroma entspricht dem optischen Eindruck und ist ein würdiger Begleiter der köstlichen Spießchen.

ZUTATEN *500 g Rinderfilet* ǁ *1 rote Zwiebel* ǁ *2 grüne Paprikaschoten* ǁ *Olivenöl zum Einpinseln* ǁ *Salz und schwarzer Pfeffer, frisch gemahlen*

SALSA MEXICANA *4 große, reife Tomaten, gehäutet, entkernt und fein gehackt* ǁ *1/2 Zwiebel, fein gehackt* ǁ *3 grüne Chilis, fein gehackt* ǁ *2 EL frische Korianderblätter, fein gehackt* ǁ *1 TL Limettensaft, frisch gepresst* ǁ *1 EL Olivenöl extra vergine* ǁ *Salz*

EINS Vier Bambus-Spießchen 30 Min. in kaltem Wasser einlegen. Für die *salsa* Tomaten, Zwiebel, Chilis und Koriander mit dem Limettensaft und dem Öl mischen und mit Salz abschmecken. In einer Servierschüssel bei Raumtemperatur aufbewahren. ZWEI Das Fleisch in 16 mundgerechte Würfel schneiden. Die rote Zwiebel und die grünen Paprikaschoten in Quadrate mit 2,5 cm Kantenlänge schneiden und abwechselnd mit dem Fleisch auf die Spieße stecken. Die Spießchen mit dem Öl einpinseln, aber erst direkt vor dem Grillen salzen. DREI Die Spießchen im Ofen unter dem vorgeheizten Grill ca. 4–5 Min. grillen, dabei einmal wenden. VIER Die Spießchen mit der *salsa mexicana* servieren.

Ergibt 4 Portionen

NÄHRWERTE JE PORTION 924 kJ – 219 kcal – 28 g Protein – 10 g Kohlenhydrate – 9 g Zucker – 8 g Fett – 3 g gesättigte Fettsäuren – 4 g Ballaststoffe – 95 mg Natrium

GESUNDHEITSTIPP Tomaten sind reich an Vitamin C und enthalten außerdem die Vitamine A und B sowie Kalium, Eisen und Phosphor. Eine mittelgroße Tomate enthält nur 35 Kalorien.

Hackbällchen in Chipotle-Sauce

Diese würzigen Hackbällchen – *albondigas* – in Tomaten-Chipotle-Chili-Sauce sind ein beliebtes Mittagsgericht, welches in Restaurants und Bars serviert, aber auch zu Hause zubereitet wird. In vielen Geschäften gibt es die unkomplizierten *albondigas* auch zum Mitnehmen.

ZUTATEN *250 g mageres Schweinehackfleisch* ‖ *250 g mageres Rinderhackfleisch* ‖ *1/2 kleine Zwiebel, fein gehackt* ‖ *1 Knoblauchzehe, gepresst* ‖ *1 Bio-Freilandei* ‖ *Salz und schwarzer Pfeffer, frisch gemahlen*

CHIPOTLE-SAUCE *3 Chipotle-Chilis* ‖ *1 kg Tomaten* ‖ *1/2 kleine Zwiebel* ‖ *1 Knoblauchzehe, geschält* ‖ *1 EL pflanzliches Öl* ‖ *1 Lorbeerblatt* ‖ *1 Zweig Thymian* ‖ *Salz*

BEILAGEN *einfacher Weißer Reis (Seite 41 – ohne Chili)* ‖ *warme, weiche Maistortillas* ‖ *glatte Petersilie, gehackt zum Garnieren*

EINS Die Chilis für die Sauce von Stielen, Kernen und Scheidewänden befreien, längs halbieren und in einer ungefetteten Pfanne bei mittlerer Hitze einige Sekunden von jeder Seite rösten. Die Chilis in einer hitzebeständigen Schüssel mit kochendem Wasser bedecken und 15–20 Min. einweichen. ZWEI Die Tomaten, die Zwiebel und die Knoblauchzehe in einer ungefetteten Pfanne unter gelegentlichem Rühren weich rösten. DREI Die abgetropften Chilis mit Tomaten, Zwiebel und Knoblauch im Mixer pürieren, bei Bedarf etwas Einweichwasser zugeben. Durch ein Sieb streichen. VIER Das Öl in einem Topf erhitzen und die Sauce mit dem Lorbeerblatt und dem Thymian ca. 15 Min. köcheln lassen. Mit Salz abschmecken. FÜNF Das Hackfleisch mit Zwiebel, Knoblauch, Ei, Salz und Pfeffer mischen – am besten mit den Händen, dazu kann man Gummihandschuhe tragen. Aus der Fleischmischung walnussgroße Hackbällchen formen. Die Hackbällchen in die fertig gekochte Sauce geben und aufkochen, dann ca. 35 Min. zugedeckt köcheln, bis die Hackbällchen zart und gar sind. SECHS Die Hackbällchen und den Weißen Reis *(Seite 41)* mit Petersilie garnieren und heiß mit warmen Maistortillas servieren.

Ergibt 4 Portionen

NÄHRWERTE JE PORTION 1115 kJ – 266 kcal – 30 g Protein – 9 g Kohlenhydrate – 9 g Zucker – 12 g Fett – 4 g gesättigte Fettsäuren – 4 g Ballaststoffe – 129 mg Natrium

GESUNDHEITSTIPP Fleisch ist nicht nur wirklich köstlich, sondern auch noch sehr gesund. Wählen Sie mageres Fleisch und lassen Sie es vom Metzger durch den Wolf drehen.

Hackbraten Albondigón

Albondigón ist immer ein Hackbraten, der aber unterschiedlich gewürzt und auf verschiedene Arten zubereitet wird. Seit jeher existieren diverse Varianten, die auch je nach Region individuell in Form gebracht werden – eingewickelt in Bananenblätter, Käseleinen oder Folie. Gedämpft, im Wasserbad gebacken oder pochiert, heiß oder kalt ist *Albondigón* immer ein Genuss.

ZUTATEN *300 g mageres Kalbshackfleisch* ‖ *300 g mageres Rinderhackfleisch* ‖ *1 EL grüne Paprikaschote, fein gewürfelt* ‖ *1 EL rote Paprikaschote, fein gewürfelt* ‖ *3 Frühlingszwiebeln, in feine Ringe geschnitten* ‖ *1–2 Knoblauchzehen, gepresst* ‖ *1 Bio-Freilandei* ‖ *einige Tropfen Worcestershiresauce* ‖ *Salz und schwarzer Pfeffer, frisch gemahlen* ‖ *Salat aus jungem Spinat und Champignons (Seite 120) als Beilage*

EINS Alle Zutaten in einer Schüssel gut vermengen – am besten mit den Händen, dazu kann man Gummihandschuhe tragen. Die Fleischmischung auf ein 50 cm langes Stück Aluminiumfolie legen, eine dicke Rolle formen und die Folie fest herumwickeln. ZWEI Die Hackfleischrolle in einen Bräter legen, soviel Wasser zugeben, dass es bis zur halben Höhe der Rolle steht, und im Ofen bei 180 °C, Gas Stufe 4, ca. 40 Min. garen. DREI Die Folie entfernen und den Hackbraten schräg in Scheiben schneiden. Sofort mit Salat aus jungem Spinat und Champignons *(Seite 120)* servieren.

Ergibt 3–4 Portionen

NÄHRWERTE JE PORTION 1119 kJ – 266 kcal – 44 g Protein – 1 g Kohlenhydrate – 1 g Zucker – 9 g Fett – 3 g gesättigte Fettsäuren – 0 g Ballaststoffe – 218 mg Natrium

GESUNDHEITSTIPP Kalb- und Rindfleisch liefern Vitamine aus dem B-Komplex, besonders B12. Außerdem enthalten sie Niazin, Zink, Kalium und hochwertige Proteine.

Pozole-Eintopf mit Schweinefleisch und roter Sauce

Dieses wunderbare Schmorgericht wird aus Maisgraupen und Fleisch, üblicherweise Schweinefleisch, zubereitet und mit getrockneten Chilis gewürzt. Es wird mit einer ganzen Auswahl an Beilagen serviert, die die Speisenden nach Belieben zugeben. Jede mexikanische Region hat ihr eigenes *pozole*-Rezept – und jede hält ihres für das absolut Beste.

ZUTATEN *250 g Pozole-Maisgraupen ‖ 500 g Eisbein, ohne Knochen, in mundgerechte Stücke geschnitten ‖ 1/2 Zwiebel ‖ 1–2 Knoblauchzehen, geschält ‖ 1 Stange Sellerie ‖ 1 Lorbeerblatt ‖ 5 schwarze Pfefferkörner ‖ 20 g Ancho-Chilis ‖ 20 g Guajillo-Chilis ‖ Salz*

BEILAGEN *1 Römersalatherz, in feine Streifen geschnitten ‖ 1 Zwiebel, fein gehackt ‖ 4 Limetten, in Schnitzen ‖ 8 kleine Radieschen, fein geschnitten ‖ 8 Tostadas (Seite 34) ‖ getrockneter Oregano ‖ Chilipulver*

EINS Die Maisgraupen abspülen, in einem großen Topf mit Wasser bedecken, aufkochen und zugedeckt 1 1/2–2 Std. weich köcheln lassen. ZWEI Inzwischen das Fleisch in einem großen Topf vollständig mit Wasser bedecken, aufkochen und, wenn nötig, den Schaum abschöpfen. Zwiebel, Knoblauchzehen, Sellerie, Lorbeerblatt und Pfefferkörner zugeben und bei geringer Hitze zugedeckt 1–1 3/4 Std. köcheln lassen, bis das Fleisch gar und sehr zart ist. Das Fleisch aus der Brühe nehmen, die Brühe durch ein Sieb geben und bewahren. DREI Die Chilis von Stielen, Kernen und Scheidewänden befreien, längs halbieren und in einer ungefetteten Pfanne bei mittlerer Hitze einige Sekunden von jeder Seite rösten. Die Chilis in einer hitzebeständigen Schüssel mit kochendem Wasser bedecken und 15–20 Min. einweichen. VIER Die Chilis abtropfen, mit etwas Einweichwasser im Mixer pürieren und durch ein Sieb streichen. FÜNF Wenn der Mais weich ist, das Fleisch mit Brühe zugeben und aufkochen. Mit Salz und Pfeffer abschmecken und die Chilisauce zugeben. 20 Min. köcheln lassen, nochmals abschmecken. SECHS In Suppentellern sehr heiß servieren, die Beilagen auf separaten Tellern dazureichen.

Ergibt 4 Portionen

NÄHRWERTE JE PORTION (FÜR KLEINE TORTILLAS VON JE CA. 17 G) 1640 kJ – 390 kcal – 33 g Protein – 36 g Kohlenhydrate – 3 g Zucker – 13 g Fett – 3 g gesättigte Fettsäuren – 4 g Ballaststoffe – 210 mg Natrium

GESUNDHEITSTIPP Nehmen Sie mageres, wenn möglich sogar kontrolliert-biologisches Schweinefleisch und schneiden Sie alles überschüssige Fett bereits vor dem Kochen ab.

Schweinefilet in Kürbiskern-Sauce

Kürbiskern-Sauce, genannt *pipián*, gehörte schon zu Fisch- oder Wildgerichten, bevor die Spanier kamen, welche das Schweinefleisch mitbrachten. *Pepitas* (Kürbiskerne) sind sehr nahrhaft und in der mexikanischen Küche hoch geschätzt – sie machen diese Sauce so köstlich.

ZUTATEN *750 g Schweinefilet* ‖ *Salz* ‖ *einfacher Weißer Reis (Seite 41 – ohne Chilis)*

KÜRBISKERN-SAUCE *450 g Tomatillos, ohne Hüllblätter* ‖ *5 grüne Chilis* ‖ *2 Knoblauchzehen, ungeschält* ‖ *25 g frische Korianderblätter* ‖ *1 l Hühnerbrühe* ‖ *2 EL pflanzliches Öl* ‖ *250 g Kürbiskerne, geschält und geröstet und 1 EL zum Garnieren* ‖ *Salz*

EINS Das Schweinefleisch leicht salzen und in einer Bratform im Ofen bei 220 °C, Gas Stufe 7, 20 Min. braten. Die Temperatur reduzieren und bei 180 °C, Gas Stufe 4, weitere 30 Min. garen. ZWEI Inzwischen die *Tomatillos,* die Chilis und die Knoblauchzehen in einer Pfanne weich dünsten, dabei gelegentlich wenden. Abkühlen lassen, dann den Knoblauch schälen. DREI *Tomatillos,* Chilis, Knoblauch, Koriander und die Hälfte der Brühe in einem Mixer pürieren und durch ein Sieb streichen. VIER Das Öl in einem Topf erhitzen und bei mittlerer Hitze die Sauce ca. 10 Min. köcheln lassen. Mit Salz abschmecken. FÜNF Die Sauce mit dem Rest der Brühe und den Kürbiskernen im Mixer pürieren, nochmals abschmecken und in einer hitzebeständigen Schüssel im Wasserbad heiß halten. SECHS Das fertig gebratene Fleisch aus dem Ofen nehmen, noch 10 Min. unter Folie ruhen lassen, dann in Scheiben schneiden und mit der Kürbiskern-Sauce und Weißem Reis *(Seite 41)* servieren. Mit ganzen Kürbiskernen garnieren.

Ergibt 4 Portionen

NÄHRWERTE JE PORTION 2944 kJ – 707 kcal – 56 g Protein – 13 g Kohlenhydrate – 4 g Zucker – 48 g Fett – 10 g gesättigte Fettsäuren – 1 g Ballaststoffe – 370 mg Natrium

GESUNDHEITSTIPP Schweinefilet ist eine hochwertige Quelle für Protein und Vitamin B1, wichtig für die Nervenfunktionen und Muskelspannung. Kürbiskerne enthalten Mangan, Magnesium und Phosphor sowie Protein und mehrfach ungesättigte Fettsäuren.

Rinderfilet mit Champignons

Die Rinderfarmen im Norden des Landes, wo es riesige Weideflächen gibt, sind berühmt für ihr erstklassiges Rindfleisch. Dieses zarte Filet mit Pilzen ist eine elegante Kombination für besondere Anlässe.

ZUTATEN *1 kg Rinderfilet* ‖ *1 TL Olivenöl* ‖ *Salz und schwarzer Pfeffer, frisch gemahlen*
SAUTIERTE PILZE *2 EL Olivenöl* ‖ *1/2 Zwiebel, fein gehackt* ‖ *3 Knoblauchzehen, fein gehackt* ‖ *2–3 rote Arbol-Chilis, in feine Ringe geschnitten* ‖ *750 g Champignons, in Scheiben geschnitten* ‖ *1 EL glatte Petersilie, fein gehackt* ‖ *Salz und schwarzer Pfeffer, frisch gemahlen*

EINS Das Filet mit dem Öl einpinseln, salzen und pfeffern. In eine Bratform legen und im Ofen bei 220 °C, Gas Stufe 7, 20 Min. braten. Die Temperatur reduzieren und bei 180 °C, Gas Stufe 4, weitere 20 Min. braten. ZWEI Inzwischen das Öl in einem großen Topf erhitzen und die Zwiebel glasig dünsten. Den Knoblauch und die Chilis zugeben und 1 Min. braten, dann die Champignons zugeben und in 5–7 Min. garen. Mit Salz und Pfeffer abschmecken und die Petersilie darüberstreuen. DREI Das fertig gebratene Filet aus dem Ofen nehmen und 10 Min. unter Folie ruhen lassen. Das Fleisch aufschneiden und mit den Pilzen servieren.

Ergibt 4 Portionen

NÄHRWERTE JE PORTION 1657 kJ – 395 kcal – 55 g Protein – 2 g Kohlenhydrate – 1 g Zucker – 19 g Fett – 6 g gesättigte Fettsäuren – 5 g Ballaststoffe – 164 mg Natrium

GESUNDHEITSTIPP Rinderfilet ist ein sehr mageres Fleisch und eine hervorragende Protein-Quelle. Pilze sind reich an Kalium und Riboflavin, Phosphor, Kupfer und Eisen. Wählen Sie unbeschädigte, feste Pilze.

Maurerfilet

Die Maurer in Mexiko-Stadt sind dafür bekannt, ihr Mittagessen mit einfachen, aber sehr scharfen Saucen zu verzehren, daher standen sie Pate für dieses Gericht, das in Mexiko *carne al albañil* genannt wird.

ZUTATEN *2 EL Olivenöl ‖ 750 g Kalbsfilet, in mundgerechte Stücke geschnitten ‖ 1 Zwiebel, in Längsrichtung fein geschnitten ‖ 2 Knoblauchzehen, in Längsrichtung fein geschnitten ‖ 6 scharfe grüne Chilis wie Jalapeño oder Serrano, entkernt und in Ringe geschnitten ‖ 2 große reife Tomaten, gehäutet, entkernt und fein gehackt ‖ Salz und schwarzer Pfeffer, frisch gemahlen ‖ warme, weiche Maistortillas als Beilage*

EINS 1 EL Öl in einem Wok oder einer großen Pfanne erhitzen. Das Fleisch mit Salz und Pfeffer würzen und in mehreren Portionen scharf anbraten. Wenn das Fleisch gut gebräunt ist, beiseitestellen. ZWEI Das restliche Öl in der Pfanne erhitzen und die Zwiebel glasig dünsten. Knoblauch und Chilis zugeben und 1 Min. braten. DREI Zuerst das Fleisch dazugeben, dann die Tomaten, mit Salz und Pfeffer abschmecken und braten, bis das Fleisch gar ist. VIER Mit warmen Tortillas heiß servieren.

Ergibt 4 Portionen

NÄHRWERTE JE PORTION 1170 kJ – 279 kcal – 40 g Protein – 5 g Kohlenhydrate – 4 g Zucker – 11 g Fett – 3 g gesättigte Fettsäuren – 1 g Ballaststoffe – 216 mg Natrium

GESUNDHEITSTIPP Fleisch ist nicht nur eine hervorragende Quelle für Protein, sondern auch für das nervenstärkende und blutbildende Eisen – das gilt besonders für rotes Fleisch. Die Chilis und Gemüse tragen Vitamine und Mineralien bei.

Lammhaxe mit Adobo-Sauce

Adobo-Sauce wird aus pürierten getrockneten Chilis, Kräutern und Essig hergestellt und nicht nur als Beilage, sondern auch als Marinade für Fleisch verwendet. Die aromatische Sauce passt hervorragend zu Lamm.

ZUTATEN *1 Lammhaxe, etwa 1,5–2 kg* ‖ *1 EL Olivenöl* ‖ *2 Knoblauchzehen, gepresst* ‖ *Salz und schwarzer Pfeffer, frisch gemahlen* ‖ *Rucola zum Garnieren*

ADOBO-SAUCE *4–5 Ancho-Chilis, entkernt* ‖ *1 kleine Zwiebel* ‖ *4 Knoblauchzehen* ‖ *1 TL getrockneter Oregano* ‖ *1/2 TL getrockneter Thymian* ‖ *2 EL Apfelessig* ‖ *300 ml Hühnerbrühe* ‖ *1 EL pflanzliches Öl*

EINS Das Lammfleisch mit dem Öl und dem Knoblauch einreiben, mit Salz und Pfeffer würzen und in eine Bratform geben. Im Ofen bei 220 °C, Gas Stufe 7, 20 Min. braten. Die Temperatur reduzieren und bei 180 °C, Gas Stufe 4, weitere 50 Min. pro kg Gewicht braten, dabei gelegentlich mit Bratensaft beträufeln. Das Fleisch soll innen rosa bleiben. ZWEI Die Chilis für die Sauce von Stielen, Kernen und Scheidewänden befreien, längs halbieren und in einer ungefetteten Pfanne bei mittlerer Hitze einige Sekunden von jeder Seite rösten. Die Chilis in einer hitzebeständigen Schüssel mit kochendem Wasser bedecken und 15–20 Min. einweichen. DREI Die Chilis abtropfen und in den Mixer geben, bis auf das Öl die restlichen Zutaten zufügen, pürieren und durch ein Sieb streichen. VIER Das Öl in einem Topf erhitzen, die Chilimischung zufügen und unter ständigem Rühren 15 Min. köcheln lassen. Bei Bedarf noch etwas Brühe zugeben. Warm halten. FÜNF Die fertig gebratene Lammhaxe aus dem Ofen nehmen und unter Folie noch 10 Min. ruhen lassen. Das Fleisch in Scheiben schneiden und mit Adobo-Sauce servieren. Mit Rucola garnieren.

Ergibt 4 Portionen

NÄHRWERTE JE PORTION 1485 kJ – 360 kcal – 57 g Protein – 3 g Kohlenhydrate – 2 g Zucker – 34 g Fett – 13 g gesättigte Fettsäuren – 0 g Ballaststoffe – 1344 mg Natrium

GESUNDHEITSTIPP Lammfleisch liefert Proteine und essenzielle Vitamine und Mineralien wie Zink, welches das Immunsystem stärkt.

Rindfleisch-Salpicón

Ein *salpicón* ist ein marinierter Salat aus verschiedenen Zutaten, darunter Fleisch oder Fisch. Traditionell wird auf der Yucatan-Halbinsel im Süden Mexikos gern Hirschfleisch verwendet. Seit aber dieses Wild geschützt ist, verwendet man nun Rindfleisch.

ZUTATEN *500 g Rinderhüfte, in große Würfel geschnitten* ‖ *1/2 Zwiebel, am Stück* ‖ *1/2 Zwiebel, fein gehackt* ‖ *1 Knoblauchzehe, geschält* ‖ *1 Stange Sellerie* ‖ *1 Lorbeerblatt* ‖ *2 EL frische Korianderblätter, fein gehackt* ‖ *6–8 Blätter Römersalat, fein geschnitten* ‖ *1 große reife Avocado, geschält, entsteint und gewürfelt* ‖ *1 große Tomate, gewürfelt* ‖ *2 in Adobo-Sauce eingelegte Chipotle-Chilis, entkernt und fein geschnitten, oder 2–3 grüne Chilis, entkernt und in feine Streifen geschnitten* ‖ *6 Radieschen, fein geschnitten* ‖ *75 g Feta-Käse, zerkrümelt* ‖ *Salz und schwarzer Pfeffer, frisch gemahlen*

DRESSING *150 ml Olivenöl extra vergine* ‖ *50 ml Apfelessig* ‖ *1/2 TL getrockneter Oregano* ‖ *Salz und schwarzer Pfeffer, frisch gemahlen*

EINS Fleisch in einem großen Topf mit Wasser bedecken und aufkochen. Gelegentlich den Schaum entfernen. Die Zwiebelhälfte am Stück, Knoblauchzehe, Sellerie, Lorbeerblatt, Salz und Pfeffer zugeben und zugedeckt 1 1/2–2 Std. köcheln, bis das Fleisch sehr zart ist. In der Brühe etwas abkühlen lassen. **ZWEI** Das Fleisch aus der Brühe nehmen und in feine Streifen schneiden (die Brühe für eine andere Verwendung aufbewahren). Die gehackte Zwiebel und den Koriander mit dem Fleisch mischen. Alle Zutaten für das Dressing vermischen und ein Drittel über das Fleisch geben. Gut mischen und 20 Min. marinieren. **DREI** Auf jedem Teller ein Bett aus Salat anrichten, die Fleischmischung daraufgeben, Tomatenwürfel, Avocado und Chilistreifen darübergeben. Das restliche Dressing über den Salat träufeln. Die Radieschen und den Feta auf den Salat geben und sofort servieren.

Ergibt 4 Portionen

NÄHRWERTE JE PORTION 3060 kJ – 740 kcal – 30 g Protein – 4 g Kohlenhydrate – 3 g Zucker – 67 g Fett – 19 g gesättigte Fettsäuren – 1 g Ballaststoffe – 350 mg Natrium

GESUNDHEITSTIPP Die Kombination aus Fleisch und Gemüse liefert hochwertiges Protein vom Rind und Ballaststoffe sowie weitere Nährstoffe vom Gemüse.

...eisch-Gemüse-Schmortopf mit Chilisauce Dies ist einer der

...d gesündesten Eintöpfe der mexikanischen Küche. Fleisch und Gemüse werden schonend geschmort und

...it Chili gewürzt. Kleine Maisklößchen, genannt *chochoyotes*, gehören unbedingt dazu.

ZUTATEN *625 g Rinderhüfte, in Würfel geschnitten ‖ 1 Zwiebel ‖ 2 Knoblauchzehen, davon 1 geschält ‖ 1 Stange Sellerie ‖ 1 Lorbeerblatt ‖ 5 schwarze Pfefferkörner ‖ 2 Maiskolben, in Stücke geschnitten ‖ 2 Zucchini, in mundgerechte Stücke geschnitten ‖ 1 Möhre, in mundgerechte Stücke geschnitten ‖ 5 Pasilla-Chilis ‖ 1 TL pflanzliches Öl ‖ 2 frische Zweige Pazote ‖ 65 g Masa harina ‖ Salz ‖ warme weiche Maistortillas als Beilage*

EINS Das Fleisch in einem großen Topf mit Wasser bedecken und aufkochen. Gelegentlich den Schaum entfernen. Eine halbe Zwiebel, die geschälte Knoblauchzehe, Sellerie, Lorbeerblatt und Pfefferkörner zugeben und zugedeckt 1 1/2–2 Std. köcheln, bis das Fleisch sehr zart ist. Das Fleisch aus der Brühe nehmen, die Brühe durch ein Sieb geben und verwahren. ZWEI Maiskolben, Zucchini und Möhre jeweils separat gerade gar kochen. Die Gemüse aus der Brühe nehmen, die Brühe durch ein Sieb geben, beides verwahren. DREI Die Chilis von Stielen, Kernen und Scheidewänden befreien, längs halbieren und in einer ungefetteten Pfanne bei mittlerer Hitze einige Sekunden von jeder Seite rösten. Die Chilis in einer hitzebeständigen Schüssel mit kochendem Wasser bedecken und 15–20 Min. einweichen. VIER Den ungeschälten Knoblauch und die Zwiebel, halbiert, in einer Pfanne weich rösten, abkühlen lassen, den Knoblauch schälen. FÜNF Die Chilis abtropfen und mit etwas Einweichwasser in den Mixer geben, die restliche Zwiebelhälfte und den Knoblauch zufügen, pürieren und durch ein Sieb streichen. SECHS Das Öl in einem Topf erhitzen, die Chilimischung zufügen und unter ständigem Rühren 15 Min. köcheln. Die Fleischbrühe und das Pazote zufügen und mit Salz abschmecken. SIEBEN Das *masa harina* mit ca. 75 ml Wasser mischen und zu einem weichen Teig kneten. 1 cm große Klößchen formen und mit dem Finger eine Mulde in die Mitte stechen. Zur Chilimischung geben und 15 Min. köcheln lassen. ACHT Das Fleisch und das Gemüse zugeben, bei Bedarf etwas Kochwasser zufügen. Abschmecken und 10 Min. köcheln lassen. In vorgewärmten, tiefen Tellern mit warmen Maistortillas servieren.

Ergibt 4 Portionen

NÄHRWERTE JE PORTION 1687 kJ – 403 kcal – 35 g Protein – 22 g Kohlenhydrate – 4 g Zucker – 20 g Fett – 7 g gesättigte Fettsäuren – 2 g Ballaststoffe – 323 mg Natrium

GESUNDHEITSTIPP Rindfleisch ist reich an Protein, Kalium, Zink und Vitaminen des B-Komplexes. Gemüse enthält wenig Fett, kein Cholesterin, aber viele Ballaststoffe.

Gemüse und Salate

Brunnenkresse-Grapefruit-Avocado-Salat

Brunnenkresse wird in Zentralmexiko angebaut und gern roh im Salat gegessen. Dieser farbenprächtige Salat vereint feine Aromen und Konsistenzen zu einem eleganten Ganzen.

ZUTATEN *2 rosa oder rote Grapefruit* ‖ *2 große reife Avocados* ‖ *65 g Brunnenkresse, gewaschen* ‖ *8–10 kleine Radieschen, fein geschnitten* ‖ *4 Frühlingszwiebeln, diagonal in feine Streifen geschnitten*

VINAIGRETTE *6 EL Olivenöl* ‖ *2 EL Apfelessig* ‖ *1/2 TL flüssiger Honig* ‖ *1/2 TL Dijon-Senf* ‖ *Salz und schwarzer Pfeffer, frisch gemahlen*

EINS Die Grapefruit schälen und filetieren. ZWEI Die Zutaten für die Vinaigrette sorgfältig mischen. DREI Die Avocados erst kurz vor dem Servieren schälen, entsteinen und in Streifen schneiden. In einer Schüssel mit den restlichen Salatzutaten und dem Dressing vorsichtig mischen und abschmecken. VIER Auf tiefen Tellern anrichten und sofort servieren.

Ergibt 4 Portionen

NÄHRWERTE JE PORTION 1233 kJ – 297 kcal – 3 g Protein – 13 g Kohlenhydrate – 12 g Zucker – 27 g Fett – 4 g gesättigte Fettsäuren – 3 g Ballaststoffe – 40 mg Natrium

GESUNDHEITSTIPP Brunnenkresse wirkt stark entgiftend und enthält die Vitamine A und C sowie Zink und Eisen. Grapefruit ist reich an Vitamin C und stärkt das Immunsystem. Avocados sind eine gute Kaliumquelle, reich an Ballaststoffen und gut für den Blutdruck.

Tomaten-Salat

Tomaten sind aus der mexikanischen Küche nicht wegzudenken, ihre Verwendung kennt keine Grenzen – gekocht, gebraten, gegrillt oder roh, für *salsas*, Suppen, *moles* oder Eintöpfe. Dieser einfache, aber hocharomatische Salat ist eine gesunde Beilage zu gekochtem Fisch, Fleisch oder Geflügel und ist in den meisten Restaurants und Cafés Mexikos auf der Speisekarte zu finden.

ZUTATEN *4 große reife Tomaten* ‖ *1 Zwiebel, in Ringe geschnitten* ‖ *getrockneter Oregano*
DRESSING *6 EL Olivenöl extra vergine* ‖ *2 EL Apfelessig* ‖ *1 Knoblauchzehe, gepresst* ‖ *1/2 TL Dijon-Senf* ‖ *Salz und schwarzer Pfeffer, frisch gemahlen*

EINS Die Tomaten in Scheiben schneiden und auf einer Platte anrichten. ZWEI Die Zwiebelringe 10 Min. in Eiswasser legen (um ihre Schärfe zu mildern), abtropfen, abspülen und trocken tupfen, dann auf die Tomatenscheiben legen. DREI Die Zutaten für das Dressing gut vermischen und über die Tomaten und Zwiebeln träufeln. Den Oregano darüberstreuen und den Salat bei Zimmertemperatur servieren.

Ergibt 4 Portionen

NÄHRWERTE JE PORTION 753 kJ – 182 kcal – 1 g Protein – 6 g Kohlenhydrate – 6 g Zucker – 17 g Fett – 3 g gesättigte Fettsäuren – 2 g Ballaststoffe – 38 mg Natrium

GESUNDHEITSTIPP Tomaten sind reich an den Vitaminen A und C und enthalten auch Vitamin B, Kalzium, Phosphor, Kalium, Natrium und Ballaststoffe. Zwiebeln liefern ebenfalls Vitamin C, Spuren anderer Vitamine und Mineralien und sind allgemein gesundheitsfördernd.

Apfel-Walnuss-Salat

In Chihuahua, einem Bundesstaat im Norden Mexikos, wachsen viele Äpfel, die in allen möglichen Gerichten Verwendung finden. Sie werden roh gegessen und zum traditionellen Apfelsalat an Weihnachten verarbeitet. Dieser Salat passt besonders gut zu Putenfleisch.

ZUTATEN *2 Äpfel, z.B. Golden Delicious* ‖ *3 Scheiben frische Ananas* ‖ *50 g Walnüsse* ‖ *2 Stangen Sellerie, fein geschnitten* ‖ *2 EL Mayonnaise* ‖ *Salz und schwarzer Pfeffer, frisch gemahlen*

EINS Die Äpfel schälen, entkernen und in Würfel schneiden. Die Ananas in Würfel schneiden, die Walnüsse grob hacken. ZWEI Die Früchte und die Nüsse mit dem Sellerie mischen und die Mayonnaise sorgfältig unterrühren. Mit Salz und Pfeffer abschmecken. DREI Den Salat bei Zimmertemperatur servieren.

Ergibt 4 Portionen

NÄHRWERTE JE PORTION 830 kJ – 199 kcal – 3 g Protein – 16 g Kohlenhydrate – 16 g Zucker – 15 g Fett – 2 g gesättigte Fettsäuren – 3 g Ballaststoffe – 47 mg Natrium

GESUNDHEITSTIPP Äpfel sind reich an Nährstoffen. Sie enthalten Ballaststoffe und die Vitamine A und C, außerdem das Flavonoid Querzetin, das antioxidativ wirkt und vor einigen Krebsarten sowie Herzkrankheiten schützt. Walnüsse liefern Protein, Eisen und Kalzium.

Grüne-Bohnen-Kartoffel-Salat

Gekochtes, frisches Gemüse wird üblicherweise als Beilage gereicht. Dieser farbenprächtige, gesunde Salat ist ein guter Begleiter für Fisch-, Fleisch- und Geflügelgerichte, besonders an heißen Tagen.

ZUTATEN *200 g grüne Bohnen* ǁ *200 g kleine, neue Kartoffeln, in der Schale gegart* ǁ *1/2 rote Zwiebel, in Längsrichtung fein geschnitten* ǁ *1/2 TL getrockneter Oregano*

DRESSING *1 EL Apfelessig* ǁ *3 EL Olivenöl extra vergine* ǁ *1 kleine Knoblauchzehe, fein gehackt* ǁ *1/4 TL Zucker* ǁ *Salz und schwarzer Pfeffer, frisch gemahlen*

EINS Die Stielansätze der grünen Bohnen abschneiden, die Spitzen aber dran lassen. Die Bohnen 1 Min. in Salzwasser blanchieren, abgießen und zum schnellen Abkühlen auf einem Tablett ausbreiten. ZWEI Die gekochten Kartoffeln diagonal in Scheiben schneiden und diese in einer großen Schüssel mit der Zwiebel und den Bohnen mischen. DREI Die Zutaten für das Dressing gründlich verquirlen, über den Salat träufeln und vorsichtig mischen. Den Salat auf einer Platte anrichten, mit dem Oregano bestreuen und umgehend servieren.

Ergibt 4 Portionen

NÄHRWERTE JE PORTION 549 kJ – 132 kcal – 2 g Protein – 12 g Kohlenhydrate – 4 g Zucker – 9 g Fett – 1 g gesättigte Fettsäuren – 2 g Ballaststoffe – 7 mg Natrium

GESUNDHEITSTIPP Dieser Salat enthält wenig Kalorien, aber umso mehr Nährstoffe, denn sowohl grüne Bohnen als auch Kartoffeln sind reich an Vitamin C, Mangan, Kalium, Kalzium und Ballaststoffen.

Gegrillte Zucchini mit Ziegenkäse

Zucchini sind in Mexiko sehr beliebt und werden in vielen regionalen Gerichten verwendet. Eine weit verbreitete Zubereitungsart ist diese – mit frischem, weißem Käse.

ZUTATEN *5 Zucchini, diagonal in Scheiben geschnitten* ‖ *1 EL Olivenöl* ‖ *Salz und schwarzer Pfeffer, frisch gemahlen* ‖ *1 EL Olivenöl extra vergine* ‖ *1–2 Knoblauchzehen, fein gewürfelt* ‖ *100 g weicher Ziegenkäse* ‖ *30 g Pinienkerne, geröstet*

EINS Die Zucchinischeiben mit dem einfachen Olivenöl einpinseln und in einer heißen Grillpfanne 1–2 Min. je Seite braten, bis sie gar, aber noch fest sind. Mit Salz und Pfeffer abschmecken. Das Olivenöl extra vergine in einer kleinen Pfanne erhitzen und den Knoblauch bei mittlerer Hitze 1 Min. braten. ZWEI Die Zucchinischeiben auf eine vorgewärmte Platte geben, den zerkrümelten Ziegenkäse, die Pinienkerne und den Knoblauch darübergeben und umgehend servieren.

Ergibt 4 Portionen

NÄHRWERTE JE PORTION 710 kJ – 170 kcal – 6 g Protein – 3 g Kohlenhydrate – 3 g Zucker – 15 g Fett – 4 g gesättigte Fettsäuren – 1 g Ballaststoffe – 125 mg Natrium

GESUNDHEITSTIPP Zucchini sind kalorienarm, aber reich an Beta-Karotin, welches vom Körper in Vitamin A verwandelt wird, sowie an Vitamin C und Folsäure. Pinienkerne sind mit ihrem hochwertigen Protein und essenziellen Fetten ein guter Fleischersatz.

Nopalitos-Salat

Eine traditionelle Zubereitungsart für *nopales* (die Blätter des Feigenkaktus, die in Streifen geschnitten *nopalitos* heißen) ist dieser farbenprächtige Salat. Er ist im ganzen Land bekannt, aber besonders in Zentralmexiko beliebt, wo er verzehrfertig auf lokalen Märkten angeboten wird. *Nopales* sind in spezialisierten mexikanischen Lebensmittelgeschäften erhältlich.

ZUTATEN *350 g Nopales, frisch oder eingelegt* ‖ *1 kleine Zwiebel, fein gehackt* ‖ *2–3 Serrano- oder Jalapeño-Chilis, entkernt und in Ringe geschnitten* ‖ *4 EL frische Korianderblätter, gehackt*

DRESSING *3 EL Olivenöl extra vergine* ‖ *1 EL Apfelessig* ‖ *1/2 TL getrockneter Oregano* ‖ *Salz*

ZUM GARNIEREN *2 große reife Tomaten, gehäutet, entkernt und in Scheiben geschnitten oder fein gehackt* ‖ *4 ganze Frühlingszwiebeln, diagonal geschnitten* ‖ *150 g Feta-Käse, zerkrümelt*

EINS Frische *nopales* in 1 cm große Quadrate schneiden und in reichlich kochendem Wasser 20 Min. weich kochen. Abtropfen und abkühlen lassen. Eingelegte *nopales* abtropfen, abspülen und trocken tupfen. In kleine Würfel schneiden. ZWEI *Nopales*, Zwiebel, Chilis und Koriander in einer Schüssel mischen. DREI Die Zutaten für das Dressing gründlich mischen und über die *Nopales* geben. Das Dressing vorsichtig, aber gründlich untermengen und abschmecken. VIER Den Nopalitos-Salat auf einer Platte anrichten, Tomaten, Frühlingszwiebeln und Feta darübergeben. Bei Zimmertemperatur servieren.

Ergibt 4 Portionen

NÄHRWERTE JE PORTION 858 kJ – 207 kcal – 8 g Protein – 8 g Kohlenhydrate – 6 g Zucker – 16 g Fett – 6 g gesättigte Fettsäuren – 3 g Ballaststoffe – 570 mg Natrium

GESUNDHEITSTIPP *Nopales* sind ausgesprochen wertvoll, nicht zuletzt durch ihren hohen Anteil an Ballaststoffen. Aber auch die Vitamine A und C sowie Kalzium dienen der Gesundheit.

Neue Baby-Kartoffeln in Tomatillo-Sauce

Dieses Gericht passt hervorragend zu gedünstetem oder gegrilltem Fisch oder Schweinefleisch sowie Geflügel. Es wird in Großstädten gern in rustikalen Arbeiterrestaurants serviert und gilt mit Bohnen und warmen Maistortillas als Hauptgericht.

ZUTATEN *500 g Tomatillos, ohne Hüllblätter* ‖ *2 grüne Chilis, entkernt* ‖ *6 EL frische Korianderblätter, grob gehackt und etwas zum Garnieren* ‖ *1 EL pflanzliches Öl* ‖ *1 Zwiebel, fein gehackt* ‖ *500 g neue Baby-Kartoffeln, in der Schale gegart* ‖ *Salz*

EINS *Tomatillos*, Chilis und Koriander im Mixer pürieren. ZWEI Das Öl in einem Topf erhitzen und die Zwiebel darin weich dünsten. Die *tomatillo*-Mischung zugeben, mit Salz abschmecken und 10 Min. köcheln. DREI Die Kartoffeln zur Sauce geben und 5 Min. köcheln. VIER In einer Schüssel mit dem Koriander garnieren und umgehend servieren.

Ergibt 4 Portionen

NÄHRWERTE JE PORTION 586 kJ – 138 kcal – 3 g Protein – 25 g Kohlenhydrate – 6 g Zucker – 4 g Fett – 1 g gesättigte Fettsäuren – 3 g Ballaststoffe – 26 mg Natrium

GESUNDHEITSTIPP *Tomatillos* sind reich an Vitamin A. Kartoffeln werden besonders wegen ihrer pflanzlichen Proteine und Ballaststoffe geschätzt. Beide Zutaten liefern auch Vitamin C.

Mariniertes Gemüse

Die mexikanische Küche liebt mariniertes Gemüse, besonders Chilis – und hier vor allem die Jalapeños – werden traditionell mit Möhren und Zwiebeln eingelegt. Natürlich ist das Angebot heute vielseitiger und neben Gemüse werden in den Küstenregionen auch Fisch und Schalentiere mariniert.

ZUTATEN *3 EL Olivenöl* ‖ *16 Frühlingszwiebeln, nur die weiße Zwiebel* ‖ *4 Möhren, in Stifte geschnitten* ‖ *4 Knoblauchzehen, geschält* ‖ *2 grüne Chilis, möglichst Jalapeño* ‖ *150 g Blumenkohlröschen* ‖ *16 kleine gelb- oder rotschalige Kartoffeln, in der Schale gekocht* ‖ *150 g junge Champignons* ‖ *350 ml Apfelessig* ‖ *175 ml Wasser* ‖ *1/2 TL getrockneter Thymian* ‖ *1/2 TL getrockneter Oregano* ‖ *2 Lorbeerblätter* ‖ *1 TL Salz* ‖ *schwarzer Pfeffer, frisch gemahlen*

EINS Das Öl in einem großen Topf erhitzen und die Frühlingszwiebeln, Möhren und Knoblauchzehen bei mittlerer Hitze 2 Min. braten. Die Chilis (halbiert für mehr Aroma) und den Blumenkohl zugeben und 2 Min. braten, dann die Kartoffeln und die Pilze zufügen und 1 Min. weiterbraten. ZWEI Den Essig, das abgemessene Wasser, die Kräuter sowie Salz und Pfeffer in einem separaten Topf aufkochen, über das Gemüse geben und beiseitestellen. Vollständig abkühlen lassen. DREI Die Mischung mindestens 1 Tag zugedeckt im Kühlschrank marinieren. VIER Zur längeren Aufbewahrung das Gemüse mit der Marinade in sterilisierte Gläser füllen, gut verschließen und an einem kühlen, dunklen Ort nicht länger als 1 Jahr aufbewahren.

Ergibt 4 Portionen

NÄHRWERTE JE PORTION 880 kJ – 210 kcal – 6 g Protein – 27 g Kohlenhydrate – 11 g Zucker – 10 g Fett – 2 g gesättigte Fettsäuren – 5 g Ballaststoffe – 545 mg Natrium

GESUNDHEITSTIPP Gemüse liefert viele Vitamine, darunter A, B6, C und Folsäure sowie Mineralien wie Kalium, Eisen, Magnesium und Kalzium. Es ist fettarm und cholesterinfrei. Nehmen Sie nur beste Qualität, möglichst aus kontrolliert-biologischem Anbau.

Salat aus jungem Spinat und Champignons

Dieser elegante und erfrischende Salat passt hervorragend zu gegrilltem Fisch, gebratenem Fleisch oder Geflügel und zu einem einfachen Omelette.

ZUTATEN *2 TL Sesamsaat* ‖ *125 g junger Spinat* ‖ *175 g weiße Champignons* ‖ *3 EL pflanzliches Öl* ‖ *Salz und schwarzer Pfeffer, frisch gemahlen*

EINS Den Sesam in einer beschichteten Pfanne ohne Öl einige Sekunden bei mittlerer Hitze rösten, um das Aroma zu intensivieren. ZWEI Den Spinat gründlich waschen und trocknen. Die Champignons mit feuchtem Küchenpapier reinigen, die Stielenden abschneiden und die Pilze in feine Scheiben schneiden. DREI Den Spinat und die Champignons auf einer Platte anrichten und mit dem Öl beträufeln. Mit Salz und Pfeffer abschmecken. Die Sesamsaat darüberstreuen und umgehend servieren.

Ergibt 4 Portionen

NÄHRWERTE JE PORTION 410 kJ – 100 kcal – 2 g Protein – 1 g Kohlenhydrate – 1 g Zucker – 10 g Fett – 1 g gesättigte Fettsäuren – 2 g Ballaststoffe – 46 mg Natrium

GESUNDHEITSTIPP Dieser Salat liefert wichtige Vitamine und Mineralien wie Folsäure, die in rohem Spinat vorkommt. Sesam ist ein starkes Antioxidans, das sogar vor Krebs schützen kann.

toffelpuffer

Kartoffelpuffer sind im ganzen Land beliebt und werden besonders in Zentralmexiko oft während der Fastenzeit gegessen. Zum vollwertigen Mittagsgericht werden die kleinen Küchlein mit Salat und *salsa mexicana* serviert.

ZUTATEN *500 g Kartoffeln, ungeschält* ‖ *100 g Feta-Käse, zerkrümelt* ‖ *20 g Butter* ‖ *1 Bio-Freilandeigelb* ‖ *etwas Mehl* ‖ *pflanzliches Öl* ‖ *Salz und schwarzer Pfeffer, frisch gemahlen*

ALS BEILAGE *grüner Blattsalat, in mundgerechte Stücke gerissen* ‖ *Zitronenschnitze* ‖ *Salsa Mexicana (Seite 90)*

EINS Die Kartoffeln im Ganzen in der Schale gar kochen, abgießen und etwas abkühlen lassen. Solange sie noch warm sind, die Kartoffeln schälen und zerstampfen. ZWEI Die zerdrückten Kartoffeln mit dem Feta, der Butter und dem Eigelb sorgfältig mischen, mit Salz und Pfeffer abschmecken. DREI Die Kartoffel-mischung in neun gleiche Portionen teilen und daraus mit bemehlten Händen flache Küchlein von 7 cm Durchmesser formen. Die Kartoffelpuffer auf ein geöltes Backblech setzen und im Ofen bei 180 °C, Gas Stufe 4, ca. 15 Min. backen, wenden und nochmals 10 Min. goldbraun backen. VIER Die warmen Kartoffelpuffer mit grünem Salat und Limettenspalten servieren, dazu *salsa mexicana (Seite 90)* reichen.

Ergibt 3–4 Portionen

NÄHRWERTE JE PORTION 1394 kJ – 334 kcal – 10 g Protein – 34 g Kohlenhydrate – 2 g Zucker – 18 g Fett – 9 g gesättigte Fettsäuren – 3 g Ballaststoffe – 500 mg Natrium

GESUNDHEITSTIPP Das Backen im Ofen ist gesünder als das übliche Frittieren. Kartoffeln liefern Protein, Kalium, Vitamin C, Eisen, Phosphor, Niazin, Enzyme und Ballaststoffe.

Desserts

Crème Caramel

Eines der beliebtesten Desserts in Mexiko ist diese Karamellcreme, deren Ursprünge in die Zeit der Spanischen Eroberung fallen – denn erst die Spanier brachten Milch und Eier mit. Eierpudding ist weit verbreitet, das Besondere an diesem hier ist der karamellisierte Zuckerüberguss.

ZUTATEN *150 g Zucker ‖ 3 Bio-Freilandeier ‖ 1 Bio-Freiland-Eigelb ‖ 300 ml fettarme Milch ‖ 400 g Kondensmilch ‖ 1 TL Vanilleextrakt*

EINS Eine Soufflé- oder andere feuerfeste Form im Ofen bei 160 °C, Gas Stufe 3, vorwärmen. **ZWEI** Den Zucker in einer Pfanne bei mittlerer Hitze langsam schmelzen, dann aufkochen, bis er braun wird. Den flüssigen Karamell in die warme Form geben und durch Schwenken der Form den Karamell überall gut verteilen. Abkühlen lassen. **DREI** Die Eier und das Eigelb schaumig schlagen, Milch, Kondensmilch und Vanilleextrakt zugeben und gut mischen. In die vorbereitete Form geben, mit Alufolie abdecken. Die Folie darf die Creme nicht berühren. Die Form in ein Wasserbad stellen und die Creme 1 Std. im Ofen backen, bis sie fest ist. **VIER** Die Creme ohne Folie abkühlen lassen, dann wieder abdecken und im Kühlschrank mindestens 2 Std. kühlen. **FÜNF** Zum Servieren die Ränder vorsichtig mit einem Messer lösen und die Creme auf einen tiefen Teller stürzen, sodass der Karamell über den Pudding läuft.

Ergibt 6 Portionen

NÄHRWERTE JE PORTION 1665 kJ – 394 kcal – 11 g Protein – 66 g Kohlenhydrate – 66 g Zucker – 11 g Fett – 6 g gesättigte Fettsäuren – 0 g Ballaststoffe – 160 mg Natrium

GESUNDHEITSTIPP Der ursprüngliche Gehalt an Eiern und Zucker dieses traditionellen Gerichtes wurde reduziert, um das Dessert leichter zu machen, aber Geschmack und Konsistenz sind immer noch optimal.

Milchreis

Für dieses beliebte spanische Dessert wird der Reis mit Zimt und Rosinen in Milch gekocht. Er kann heiß oder kalt, fest oder flüssiger serviert werden. In Mexiko-Stadt wird er gern kalt zum Dessert genossen, in anderen Landesteilen warm zum Frühstück.

ZUTATEN *200 g weißer Langkornreis ‖ 1,5 l fettarme Milch ‖ 100 g Zucker ‖ 1 Prise Salz ‖ 1 Vanilleschote ‖ 1 Stange Zimt, in 2–3 Stücke gebrochen ‖ Schale von 1 Limette, fein abgeschält ‖ Schale von 1 Orange, fein abgeschält ‖ 50 g Rosinen ‖ gemahlener Zimt zum Garnieren*

EINS Den Reis kurz abspülen, abtropfen und 15 Min. in heißem Wasser einweichen. Abspülen und abtropfen. Milch, Zucker, Salz, Vanilleschote, Zimtstange und Zitrusschalen in einem Topf zusammen unter ständigem Rühren aufkochen. Den Topf vom Herd nehmen und 10 Min. ziehen lassen. Die Zitrusschalen entfernen, die Vanilleschote aus der Milch nehmen, aufschneiden, das Mark herauskratzen und in die Milch geben. ZWEI Den Reis in die warme Milch geben und aufkochen, dann bei geringer Hitze zugedeckt köcheln lassen, bis der Reis weich ist und der Brei andickt. Die Rosinen einrühren. Bei Bedarf noch etwas kalte Milch zugeben, damit der Reis nicht trocken wird. DREI Den Reis zum Abkühlen beiseitestellen. Dann in eine Servierschüssel geben und zugedeckt im Kühlschrank aufbewahren. VIER Den Milchreis gut gekühlt und mit gemahlenem Zimt bestreut servieren.

Ergibt 6–8 Portionen

NÄHRWERTE JE PORTION 1376 kJ – 324 kcal – 11 g Protein – 65 g Kohlenhydrate – 36 g Zucker – 4 g Fett – 3 g gesättigte Fettsäuren – 1 g Ballaststoffe – 145 mg Natrium

GESUNDHEITSTIPP Reis ist cholesterin- und glutenfrei sowie natriumarm. Er enthält kaum Fett, aber viele Kohlenhydrate. Fettarme Milch ist bei wenig Fett eine gute Kalzium-Quelle.

Quittenbrot

Durch den hohen Anteil an Pektin eignen sich Quitten besonders für die Herstellung von Konfitüre, Gelee und zum Einkochen. Quittenbrot ist ein arabisches Gericht, das mit den Spaniern nach Mexiko kam. Es wird mit Manchego oder dem Frischkäse Panela serviert.

ZUTATEN *1 kg Quitten* ‖ *Zucker* ‖ *250 ml Wasser* ‖ *Manchego-Käse als Beilage*

EINS Die Quitten waschen und vierteln. In einem Topf mit Wasser bedecken und aufkochen, dann ca. 30–45 Min. weich kochen. Abgießen und etwas abkühlen lassen. Die Quittenschnitze schälen, das Kerngehäuse entfernen und noch warm in einem Mixer pürieren. Das Püree wiegen. **ZWEI** Dieselbe Menge Zucker, die dem Gewicht des Quittenpürees entspricht, in einem großen Topf mit dem abgemessenen Wasser langsam unter ständigem Rühren aufkochen, bis der Zucker vollständig gelöst ist. **DREI** Die Temperatur erhöhen und den Sirup aufkochen, bis ein Tropfen des Sirups in Wasser gegeben eine Kugel formt (ca. 115 °C). Das Quittenpüree zugeben und unter ständigem Rühren ca. 30 Min. kochen, bis die Paste dick wird und sich von den Topfrändern löst. **VIER** Die Quittenpaste in eine mit Backpapier ausgelegte Kastenform geben und in einem Trockenschrank 3–4 Tage ruhen lassen. Auf eine Platte stürzen und trocknen lassen. Ganz getrocknet ist das Quittenbrot in einem luftdichten Behälter 1 Jahr haltbar. **FÜNF** Das Quittenbrot in Scheiben schneiden und bei Zimmertemperatur mit Scheiben oder Spänen von Manchego-Käse servieren.

Ergibt 18 Scheiben

NÄHRWERTE JE PORTION 620 kJ – 146 kcal – 0 g Protein – 39 g Kohlenhydrate – 39 g Zucker – 0 g Fett – 0 g gesättigte Fettsäuren – 3 g Ballaststoffe – 0 mg Natrium

GESUNDHEITSTIPP Quitten enthalten viel Vitamin C, welches das Immunsystem stärkt und vor Infekten schützt, sowie Ballaststoffe und Riboflavin.

Gedünstete Beeren

In Mexiko wächst das ganze Jahr über eine Vielzahl an frischen Früchten und oft wird nur Obst zum Dessert gereicht. Hier verstärkt das Dünsten die natürliche Süße der Beeren, die so zu einem eleganten und köstlichen Dessert werden.

ZUTATEN *150 g kleine, frische Erdbeeren* ‖ *125 g frische Heidelbeeren* ‖ *125 g frische Himbeeren* ‖ *125 g frische Brombeeren* ‖ *1 EL Zucker* ‖ *frische Minze, zum Garnieren*

EINS Die Erdbeeren waschen und entstielen, die Heidelbeeren waschen und die Früchte auf Küchenpapier trocknen. Die Himbeeren und die Brombeeren mit einem weichen Tuch vorsichtig säubern. **ZWEI** Die Erdbeeren bei mittlerer Hitze unter ständigem Rühren erwärmen. Den Zucker zugeben, dann die Heidelbeeren, Himbeeren und Brombeeren zufügen und ca. 1 Min. dünsten. Die Früchte dürfen nicht matschig werden. **DREI** Die Früchte sofort mit Minze garnieren und warm servieren.

Ergibt 4 Portionen

NÄHRWERTE JE PORTION 212 kJ – 50 kcal – 1 g Protein – 11 g Kohlenhydrate – 11 g Zucker – 0 g Fett – 0 g gesättigte Fettsäuren – 6 g Ballaststoffe – 0 mg Natrium

GESUNDHEITSTIPP Dieser Beerenmix ist reich an den Vitaminen A und C, Kalzium, Magnesium, Kalium, Beta-Carotin und Folsäure.

Süßkartoffel-Ananas-Dessert

Dieses klassische Dessert wird traditionell mit *camote* zubereitet, einer der Süßkartoffel ähnlichen Knolle, die schon vor der Ankunft der Spanier in Mittelamerika angebaut wurde. Heutzutage wird es in mexikanischen Haushalten meist als Püree oder als Brei zubereitet, mit Zucker gekocht und oft mit Früchten gemischt wie Guaven, Kokosnuss oder Ananas.

ZUTATEN *400 g Süßkartoffeln* ‖ *250 g Ananas, in Scheiben* ‖ *100 g Zucker* ‖ *1 Zimtstange*

ZUM GARNIEREN *20 g Rosinen* ‖ *20 g Mandelstifte, geröstet*

EINS Die Süßkartoffeln waschen und in einem großen Topf mit Wasser bedecken, aufkochen und bei mittlerer Hitze 25–30 Min. gar kochen. Abgießen und abkühlen lassen. ZWEI Die Süßkartoffeln schälen, grob raspeln und mit den Ananasscheiben in einem Mixer pürieren. Das Püree durch ein Sieb streichen, den Zucker und die Zimtstange zugeben und ca. 30 Min. bei mittlerer Hitze unter ständigem Rühren eindicken. Abschmecken und bei Bedarf nachsüßen. DREI Die Zimtstange entfernen, das Püree in eine Servierschüssel füllen und abkühlen lassen. VIER Mit den Rosinen und gerösteten Mandeln garnieren und bei Zimmertemperatur servieren.

Ergibt 4 Portionen

NÄHRWERTE JE PORTION 1087 kJ – 255 kcal – 3 g Protein – 58 g Kohlenhydrate – 42 g Zucker – 3 g Fett – 0 g gesättigte Fettsäuren – 4 g Ballaststoffe – 45 mg Natrium

GESUNDHEITSTIPP Süßkartoffeln sind eine außergewöhnliche Vitamin-A-Quelle und liefern daneben Vitamin C, Kalzium, Eisen, Kalium, Phosphor und Natrium.

Walnuss-Karamell

Jamoncillo wird die Art Karamell genannt, die aus Milch, Zucker und weiteren Zutaten wie Mandeln, Walnüssen, Pinienkernen, Kürbiskernen und Erdbeeren langsam gekocht wird. Besonders auf Jahrmärkten und Kirchenfesten wird die süße Delikatesse angeboten.

ZUTATEN *1 großes Bio-Freilandei* ‖ *450 g Walnüsse, gemahlen, zzgl. einige grob gehackt zum Garnieren* ‖ *175 g Zucker* ‖ *250 ml fettarme Milch*

EINS Das Ei in einen großen Topf aufschlagen und gründlich mit den geriebenen Walnüssen, dem Zucker und der Milch mischen. **ZWEI** Bei mittlerer Hitze unter ständigem Rühren 30–35 Min. köcheln lassen, bis die Mischung leicht eingedickt ist. **DREI** Den Topf vom Herd nehmen und noch einige Minuten rühren, bis die Masse dick wird. **VIER** Den Walnuss-Karamell in eine flache, rechteckige Form geben und vollständig abkühlen lassen. **FÜNF** Den fest gewordenen Karamell in 2,5 cm große Würfel schneiden, mit den gehackten Walnüssen garnieren und auf einer Platte servieren.

Ergibt ca. 60 Stück

NÄHRWERTE JE PORTION 287 kJ – 69 kcal – 1 g Protein – 4 g Kohlenhydrate – 4 g Zucker – 6 g Fett – 1 g gesättigte Fettsäuren – 1 g Ballaststoffe – 0 mg Natrium

GESUNDHEITSTIPP Walnüsse sind eine exzellente Quelle für Omega-3-Fettsäure, die der Körper selbst nicht herstellen kann. Außerdem liefern sie Protein, Eisen und Kalzium.

Frisches Obst in Gelee

Obstgelees sind in Mexiko sowohl zum alltäglichen Mittagessen als auch bei besonderen Anlässen beliebt. Das verwendete Obst variiert je nach Jahreszeit und familiären Vorlieben.

ZUTATEN *4 EL Wasser* ‖ *5 TL Gelatinepulver* ‖ *600 ml Cranberrysaft* ‖ *1/4 Kantalup-Melone, geschält und entkernt (ca. 125 g), gewürfelt* ‖ *1/2 Mango, geschält und entsteint (ca. 75 g), gewürfelt* ‖ *1 Apfel, geschält und entkernt (ca. 100 g), gewürfelt* ‖ *150 g kernlose, blaue Trauben* ‖ *150 g kernlose, grüne Trauben* ‖ *125 g frische Erdbeeren, entstielt und geviertelt*

EINS Das abgemessene Wasser in einem kleinen Topf mit der Gelatine mischen und 5 Min. ruhen lassen. Bei geringer Hitze auflösen, bis die Gelatine flüssig und klar ist, dabei nicht rühren. ZWEI 150 ml Cranberrysaft erwärmen und unter die Gelatine rühren. Den restlichen Saft zugeben und gut verrühren. DREI Sechs Servierschälchen oder eine Geleeform mit 20 cm Durchmesser mit Wasser ausspülen und etwas Gelee einfüllen. Im Kühlschrank 20 Min. fest werden lassen. VIER Das Obst auf das Gelee setzen, drei Viertel des Gelees über die Früchte geben und 20 Min. kühlen. Das restliche Gelee zugeben. (Damit wird sichergestellt, dass das Gelee nach dem Stürzen eine glatte Oberfläche hat.) 2–4 Std. kühlen, bis das Gelee ganz fest ist. FÜNF Den Rand des Gelees mit einem scharfen Messer von der Schüssel lösen, eine angefeuchtete Servierplatte umgedreht auf die Schüssel legen und beides zusammen umdrehen. Durch Schütteln das Gelee lösen und die Schüssel abheben. Gut gekühlt servieren.

Ergibt 6 Portionen

NÄHRWERTE JE PORTION 456 kJ – 107 kcal – 2 g Protein – 25 g Kohlenhydrate – 14 g Zucker – 0 g Fett – 0 g gesättigte Fettsäuren – 2 g Ballaststoffe – 9 mg Natrium

GESUNDHEITSTIPP Obwohl jedes Obst unterschiedlich ist, liefern alle Früchte die Vitamine A, B6 und C sowie Kalium, Kalzium, Eisen und Magnesium.

Maiskuchen

Maiskuchen wird in Mexiko das ganze Jahr über gebacken, besonders aber natürlich zur Erntezeit zwischen Juli und September. Er wird meist mit Kaffee oder Kakao zum Frühstück oder Abendessen verzehrt, ist aber auch als Beilage mit Mole-Sauce oder Poblano-Chili-Streifen beliebt.

ZUTATEN *500 g frische Zuckermaiskörner* ‖ *65 g Butter, geschmolzen, zzgl. etwas zum Einfetten* ‖ *65 g Zucker* ‖ *65 g Weizenmehl* ‖ *3 Bio-Freilandeier* ‖ *1 EL Backpulver* ‖ *1/4 TL Salz* ‖ *1–2 EL Puderzucker*

EINS Die Maiskörner im Mixer pürieren. Die restlichen Zutaten bis auf den Puderzucker zugeben und pürieren. ZWEI Die Mischung in eine gut gefettete 20 cm Kuchenform geben und im Ofen 160 °C, Gas Stufe 3, ca. 35 Min. backen. Ein Holzstäbchen, in die Mitte des Kuchens gesteckt, sollte ohne Anhaftungen herauskommen. DREI Den Kuchen aus dem Ofen nehmen und 10 Min. ruhen lassen, dann auf eine Kuchenplatte stürzen, den Puderzucker darübersieben und warm servieren.

Ergibt 6 Portionen

NÄHRWERTE JE PORTION 1236 kJ – 294 kcal – 7 g Protein – 38 g Kohlenhydrate – 17 g Zucker – 14 g Fett – 7 g gesättigte Fettsäuren – 3 g Ballaststoffe – 454 mg Natrium

GESUNDHEITSTIPP Süßmais enthält Beta-Carotin, Proteine, Ballaststoffe und die Vitamine A, B und C.

Himbeersorbet

In Mexiko heißen Sorbets *nieves*, das bedeutet Schnee. Aus Wasser, Zucker und frischem Obst hergestellt, sind sie immer erfrischend. Die Himbeeren für dieses Sorbet reifen in Mexiko von Mai bis November.

ZUTATEN *400 g frische Himbeeren* ‖ *150 g Zucker* ‖ *500 ml Wasser* ‖ *Saft von 1/2 Limette, frisch gepresst* ‖ *frische Minze zum Garnieren*

EINS Die Himbeeren im Mixer pürieren, durch ein Sieb streichen und beiseitestellen. ZWEI Den Zucker in einem Topf mit dem abgemessenen Wasser bei geringer Hitze unter ständigem Rühren auflösen. Die Temperatur erhöhen, aufkochen und 5 Min. kochen. Den Topf vom Herd nehmen, das Himbeerpüree und den Limettensaft zugeben. DREI Die Himbeermischung in einer Eismaschine nach Herstellerangaben frosten. Alternativ die Mischung in eine flache, frostfeste Schüssel geben und ca. 1 Std. tiefkühlen, bis die Mischung anfängt, fest zu werden. Das Sorbet im Mixer pürieren, um die Eiskristalle zu brechen, wieder in die frostfeste Schüssel geben und ca. 3–4 Std. tiefkühlen. VIER Mit einem Eiscremeportionierer Sorbet-Kugeln formen, mit Minze garnieren und kalt servieren.

Ergibt 4 Portionen

NÄHRWERTE JE PORTION 740 kJ – 173 kcal – 1 g Protein – 44 g Kohlenhydrate – 44 g Zucker – 0 g Fett – 0 g gesättigte Fettsäuren – 7 g Ballaststoffe – 0 mg Natrium

GESUNDHEITSTIPP Himbeeren sind eine hervorragende Quelle für Kalzium, Magnesium, Phosphor, Kalium und die Vitamine B3 und C.

Mangosorbet

Während Fruchtsorbets im ganzen Land beliebt sind, haben die einzelnen Regionen spezielle Vorlieben je nach Saison und Obstangebot. Im Bundesstaat Veracruz ist Mangosorbet der Favorit der Straßenverkäufer.

ZUTATEN *5–6 reife Mangos* ‖ *3 EL Zucker* ‖ *3 EL Wasser* ‖ *einige Tropfen Limettensaft, frisch gepresst* ‖ *frische Minze, zum Garnieren*

EINS Die Mangos schälen und das Fruchtfleisch mit Zucker, Wasser und Limettensaft im Mixer pürieren. Abschmecken und bei Bedarf mehr Zucker oder Limettensaft zugeben. ZWEI Die Mangomischung in einer Eismaschine nach Herstellerangaben frosten. Alternativ die Mischung in eine flache, frostfeste Schüssel geben und ca. 1 Std. tiefkühlen, bis die Mischung anfängt, fest zu werden. Das Sorbet im Mixer pürieren, um die Eiskristalle zu brechen, wieder in die frostfeste Schüssel geben und ca. 3–4 Std. tiefkühlen. DREI Mit einem Eiscremeportionierer Sorbet-Kugeln formen, mit Minze garnieren und kalt servieren.

Ergibt 4 Portionen

NÄHRWERTE JE PORTION 710 kJ – 166 kcal – 1 g Protein – 42 g Kohlenhydrate – 42 g Zucker – 0 g Fett – 0 g gesättigte Fettsäuren – 5 g Ballaststoffe – 4 mg Natrium

GESUNDHEITSTIPP Mangos haben nicht nur einen außergewöhnlich delikaten Geschmack, sondern liefern auch noch die Vitamine A und C.

Getränke

Margarita-Tequila-Cocktail

Der berühmte mexikanische Margarita-Cocktail ist in den Bars und Restaurants des ganzen Landes beliebt. Die Mischung aus Tequila, Limettensaft, Läuterzucker und Orangenlikör wird üblicherweise in einem Glas serviert, dessen Rand mit Limettensaft und Salz verziert ist.

ZUTATEN *400 g Eiswürfel* ‖ *125 ml Weißer Tequila* ‖ *125 ml Cointreau* ‖ *125 ml Limettensaft, frisch gepresst* ‖ *60 ml Läuterzucker*

ZUM GARNIREN *Limettenschnitze* ‖ *Salz*

EINS Die Ränder von vier Martini-Gläsern mit einem Limettenstück einreiben, dann in ein Tellerchen mit Salz drücken. ZWEI Die Eiswürfel mit Tequila, Cointreau, Limettensaft und Läuterzucker 30 Sek. mixen. DREI Den Tequila-Cocktail in die vorbereiteten Gläser gießen, mit Limettenschnitzen garnieren und sofort servieren.

Ergibt 4 Portionen

NÄHRWERTE JE PORTION 825 kJ – 200 kcal – 0 g Protein – 16 g Kohlenhydrate – 16 g Zucker – 0 g Fett – 0 g gesättigte Fettsäuren – 0 g Ballaststoffe – 0 mg Natrium

GESUNDHEITSTIPP Wie alle alkoholischen Getränke sollte auch dieser Cocktail in Maßen genossen werden. Das Vitamin C der Limetten kann den Körper vor negativen Wirkungen des Alkohols schützen. Wenn Sie sich salzarm ernähren, können Sie den Salzrand am Glas weglassen

Hibiskus-Wasser

Hibiskusblüten, die ein säuerliches Aroma und eine leuchtend rote Farbe besitzen, werden in Mexiko vielfach verwendet, wie für dieses sehr beliebte Erfrischungsgetränk. Die getrockneten Blüten sind in Delikatessenläden oder mexikanischen Lebensmittelgeschäften erhältlich.

ZUTATEN *100 g getrocknete Hibiskusblüten* ‖ *1,5 l Wasser* ‖ *50 g Zucker* ‖ *Eiswürfel*

EINS Die Hibiskusblüten in 1 l Wasser bei mittlerer Hitze aufkochen und ca. 8 Min. köcheln. Beiseite stellen und 10–15 Min. ziehen lassen. ZWEI Das Hibiskuswasser durch ein Sieb in eine Karaffe gießen, den Zucker und das restliche Wasser zugeben. Gründlich umrühren und abkühlen lassen. Zugedeckt im Kühlschrank bewahren. DREI Mit Eiswürfeln servieren.

Ergibt 4 Portionen

NÄHRWERTE JE PORTION 273 kJ – 64 kcal – 0 g Protein – 15 g Kohlenhydrate – 13 g Zucker – 0 g Fett – 0 g gesättigte Fettsäuren – 0 g Ballaststoffe – 0 mg Natrium

GESUNDHEITSTIPP Hibiskus enthält Antioxidanzien, die den Cholesterinspiegel senken und Herzkrankheiten vorbeugen können. Sie sind außerdem harntreibend und erweitern die Blutgefäße.

Melonen-Wasser

Auf mexikanischen Märkten sieht man häufig Stände, die köstliche Fruchtsaftgetränke in großen Karaffen anbieten. Für dieses Getränk wurden die Kerne von Melonen mitverwendet – ein idealer Durstlöscher an einem heißen Sommertag.

ZUTATEN *1 reife Kantalup-Melone ‖ 1 l Wasser ‖ 50 g Zucker ‖ Eiswürfel*

EINS Die Melone schälen, 500 g Fruchtfleisch grob zerkleinern und mit den Kernen im Mixer pürieren. Etwas Wasser zugeben. **ZWEI** Die Mischung durch ein Sieb in eine Karaffe gießen, den Zucker und das restliche Wasser zugeben und sorgfältig rühren. Im Kühlschrank zugedeckt bewahren. **DREI** Das Getränk in vier großen Gläsern mit Eiswürfeln servieren, mit einigen kleinen Melonenstückchen garnieren.

Ergibt 4 Portionen

NÄHRWERTE JE PORTION 310 kJ – 73 kcal – 0 g Protein – 18 g Kohlenhydrate – 18 g Zucker – 0 g Fett – 0 g gesättigte Fettsäuren – 0 g Ballaststoffe – 0 mg Natrium

GESUNDHEITSTIPP Kantalup-Melonen sind nicht nur süß und erfrischend, sondern auch sehr nährstoffreich. Sie enthalten Kalium sowie die Vitamine A und C.

Heißer Weihnachtspunsch

Zwischen Weihnachten und Neujahr ist dieser Punsch das beliebteste Getränk Mexikos. Saisonales Obst wird dafür mit Zimt und Zuckerrohr gekocht und für die Erwachsenen mit einem Schuss Alkohol versehen. Zuckerrohr ist in gut sortierten Asia-Shops erhältlich.

ZUTATEN *2,5 l Wasser* ‖ *8 entsteinte Trockenpflaumen* ‖ *10 getrocknete Bio-Aprikosen, geviertelt* ‖ *3 Guaven, geviertelt* ‖ *100 g Zuckerrohr, geschält und in Streifen geschnitten* ‖ *50 g getrocknete Hibiskusblüten* ‖ *1 Apfel, entkernt und geachtelt* ‖ *1 EL Rosinen* ‖ *1–2 Zimtstangen* ‖ *75 g Zucker* ‖ *125 ml brauner Rum*

EINS Das Wasser in einem großen Topf aufkochen, die Pflaumen und Aprikosen zugeben und bei geringer Hitze 5 Min. köcheln. Die restlichen Zutaten bis auf den Rum zugeben und 30 Min. köcheln, dabei gelegentlich umrühren. Abschmecken und bei Bedarf nachsüßen. Sorgfältig umrühren. ZWEI Den Punsch vom Herd nehmen, den Rum zugeben und gut umrühren. DREI Den Punsch in Gläser füllen und sofort servieren.

Ergibt 6–8 Portionen

NÄHRWERTE JE PORTION 690 kJ – 163 kcal – 1 g Protein – 30 g Kohlenhydrate – 30 g Zucker – 0 g Fett – 0 g gesättigte Fettsäuren – 6 g Ballaststoffe – 13 mg Natrium

GESUNDHEITSTIPP Dieser Punsch wird aus verschiedenen gesunden Früchten zubereitet, so aus Guaven, die viel Vitamin C und Ballaststoffe enthalten. Die Rosinen, Pflaumen und Aprikosen wirken antioxidativ und vermindern so Gesundheitsrisiken durch Freie Radikale.

Eiskaltes Gewürzbier Michelada

Bier ist vermutlich das beliebteste Getränk in Mexiko. Da es gut zur mexikanischen Küche passt, wird es in jedem Restaurant serviert – und zwar eiskalt. In besonders heißen Regionen trinkt man Bier gern als *michelada*.

ZUTATEN *125 g Eiswürfel* ǁ *25 ml Limettensaft, frisch gepresst* ǁ *einige Tropfen Worcestershiresauce* ǁ *2 Tropfen Tabasco* ǁ *375 ml mexikanisches Bier in der Flasche, eiskalt*

ZUM GARNIEREN *Limettenschnitze* ǁ *Salz*

EINS Die Ränder eines hohen Bierglases mit einem Limettenstück einreiben, dann in ein Tellerchen mit Salz drücken.

ZWEI Die Eiswürfel ins Glas geben, Limettensaft, Worcestershiresauce und Tabasco zugeben. Das kalte Bier dazugießen. Das Glas mit einem Limettenschnitz garnieren und sofort servieren.

Ergibt 1 Portion

NÄHRWERTE JE PORTION 468 kJ – 114 kcal – 1 g Protein – 7 g Kohlenhydrate – 7 g Zucker – 0 g Fett – 0 g gesättigte Fettsäuren – 0 g Ballaststoffe – 50 mg Natrium

GESUNDHEITSTIPP Bier hat zwar einen relativ geringen Alkoholgehalt, sollte aber trotzdem nur in Maßen genossen werden. Wenn Sie sich salzarm ernähren, können Sie den Salzrand am Glas weglassen.

Grapefruit-Schorle

Frische Zitrusgetränke werden in vielen mexikanischen Haushalten zur Mittagszeit getrunken. Diese Kombination aus rosa oder roter Grapefruit mit Orangen ist sehr erfrischend und wird immer beliebter. Wenn Sie frische Mandarinen bekommen, können Sie auch davon etwas Saft zugeben.

ZUTATEN *1 rosa oder rote Grapefruit* ‖ *2 Orangen* ‖ *2–3 EL Zucker* ‖ *Eiswürfel*

EINS Grapefruit und Orangen auspressen, den Saft in eine Karaffe geben und mit Wasser bis auf 1 Liter auffüllen. Den Zucker dazugeben und sorgfältig umrühren. ZWEI Die Schorle abgedeckt im Kühlschrank aufbewahren und mit Eiswürfeln servieren.

Ergibt 4 Portionen

NÄHRWERTE JE PORTION 427 kJ – 100 kcal – 1 g Protein – 26 g Kohlenhydrate – 26 g Zucker – 0 g Fett – 0 g gesättigte Fettsäuren – 0 g Ballaststoffe – 6 mg Natrium

GESUNDHEITSTIPP Dieses Zitrusgetränk enthält die Vitamine A und C, Kalzium, Phosphor, Magnesium, Kupfer, Kalium und Folsäure. Es ist gut für das Herz-Kreislauf-System und gegen Erkältungen und Grippe.

Sangrita

Wenn Sie in einer mexikanischen Bar einen Tequila bestellen, bekommen Sie zwei Gläser: eins mit Tequila, das zweite mit *sangrita* (kleines Blut). Natürlich hat jeder sein Geheimrezept, aber meist besteht das süß-scharfe Getränk aus Tomaten-, Orangen- und Limettensaft mit Salz und Chili.

ZUTATEN *250 ml Tomatensaft* ‖ *60 ml Orangensaft, frisch gepresst* ‖ *30 ml Limettensaft, frisch gepresst* ‖ *1 EL Zwiebel, fein gehackt* ‖ *1 TL grüne Chili, entkernt und fein gehackt* ‖ *Salz und schwarzer Pfeffer, frisch gemahlen* ‖ *Tequila, falls gewünscht*

EINS Alle Zutaten (ohne Tequila) im Mixer pürieren, abschmecken und zugedeckt im Kühlschrank bewahren. **ZWEI** Kalt servieren mit einem Glas Tequila.

Ergibt 4 Portionen

NÄHRWERTE JE PORTION 69 kJ – 16 kcal – 1 g Protein – 4 g Kohlenhydrate – 3 g Zucker – 0 g Fett – 0 g gesättigte Fettsäuren – 0 g Ballaststoffe – 144 mg Natrium

GESUNDHEITSTIPP Die gesundheitsfördernden Inhaltsstoffe der Tomaten, Orangen und Limetten wirken stark entzündungshemmend.

Mandel-Reis-Milch

Horchata ist das mexikanische Wort für diese Art von Getränk, das aus Getreide und Nüssen hergestellt wird. Es stammt aus dem Mittelmeerraum und wurde von den Spaniern nach Mexiko gebracht, wo es heute sehr beliebt ist. Diese Version mit Reis und Mandeln stammt aus dem Bundesstaat Oaxaca. *Horchata* wird sehr kalt serviert.

ZUTATEN *250 g weißer Langkornreis ‖ 750 ml Wasser ‖ 1 Stange Zimt ‖ 500 ml fettarme Milch ‖ 100 g gemahlene Mandeln ‖ 85 g Zucker*
ZUM GARNIEREN *Eiswürfel ‖ gemahlener Zimt*

EINS Den Reis gut abspülen, abtropfen und in 500 ml Wasser geben. ZWEI Eine kleine Pfanne vorwärmen, die Zimtstange zerdrücken und einige Sekunden in der Pfanne rösten. Den Zimt zum Reis geben und über Nacht ziehen lassen. DREI Die Reismischung im Mixer pürieren und durch ein Sieb streichen. Das restliche Wasser, die Milch, Mandeln und Zucker zugeben und gut umrühren. VIER Die Mischung in einen Krug gießen und zugedeckt im Kühlschrank aufbewahren. FÜNF Vor dem Servieren gut umrühren, in hohe Gläser über die Eiswürfel gießen und mit Zimt bestäuben. Sofort servieren.

Ergibt 4–6 Portionen

NÄHRWERTE JE PORTION 2194 kJ – 520 kcal – 14 g Protein – 85 g Kohlenhydrate – 30 g Zucker – 17 g Fett – 2 g gesättigte Fettsäuren – 5 g Ballaststoffe – 76 mg Natrium

GESUNDHEITSTIPP Reis ist cholesterin- und glutenfrei sowie natriumarm. Er enthält kaum Fett, aber viele Kohlenhydrate. Mandeln enthalten Kalzium, Magnesium, Kalium und Folsäure sowie die Vitamine B2, B3 and E. Sie sind eine gute Proteinquelle und für Untergewichtige besonders wertvoll.

Erdbeer-Atole

Das in ganz Mexiko beliebte *atole* ist ein dickflüssiges Getränk, das aus vorspanischer Zeit stammt. Wasser oder Milch wird mit Maismehl angedickt, gesüßt und erhält durch pürierte Früchte oder Gewürze die gewünschte Geschmacksrichtung. *Atole* ist der typische Begleiter der mexikanischen Maisklöße und wird an kalten Morgen gern zum Frühstück verzehrt.

ZUTATEN *400 g frische Erdbeeren, entstielt* ‖ *60 g Zucker* ‖ *350 ml fettarme Milch* ‖ *3 EL Maismehl* ‖ *350 ml kaltes Wasser*

EINS Die Erdbeeren mit dem Zucker und der Milch im Mixer pürieren. ZWEI Das Maismehl mit etwas Wasser anrühren, dann den Rest des abgemessenen Wassers zugeben. Das Wasser in einem großen Topf aufkochen und unter ständigem Rühren 5–8 Min. köcheln. Nach und nach die Erdbeermischung zugeben und ca. 10 Min. köcheln, bis die Masse andickt. DREI In großen Bechern sofort heiß servieren.

Ergibt 4 Portionen

NÄHRWERTE JE PORTION 649 kJ – 153 kcal – 4 g Protein – 33 g Kohlenhydrate – 26 g Zucker – 2 g Fett – 1 g gesättigte Fettsäuren – 2 g Ballaststoffe – 58 mg Natrium

GESUNDHEITSTIPP Erdbeeren haben neben Antioxidanzien auch Vitamin C sowie Kalium zu bieten und sind dabei natriumarm. Sie enthalten außerdem Pektin, einen Ballaststoff, der den Cholesterinspiegel senkt.

Heiße Trinkschokolade

Kakao ist eine der wichtigsten Zutaten, die Mexiko den Küchen dieser Welt schenkt. Trinkschokolade ist ein rituelles Getränk aus vorspanischer Zeit, das aus Kakao und Wasser zubereitet und kalt mit einer Haube aus Schaum genossen wurde. Heute wird Kakao meist mit Milch zubereitet und heiß getrunken. Eine der beliebtesten Schokoladen, aus denen Trinkschokolade gemacht wird, enthält neben gemahlenem Kakao auch Zucker, Zimt, Mandeln und Vanille.

ZUTATEN *1 l fettarme Milch* ‖ *150 g dunkle Schokolade mit mindestens 55% Kakaoanteil, gehackt*

EINS Die Milch (wahlweise Wasser) mit der Schokolade in einem Topf bei mittlerer Hitze aufkochen und den Topf sofort vom Herd nehmen. ZWEI Die Mischung mit einem Schneebesen schlagen, bis die Schokolade vollständig geschmolzen und eine dicke Haube aus Milchschaum auf der Oberfläche entstanden ist. DREI Die Trinkschokolade in großen Bechern sofort servieren.

Ergibt 4 Portionen

NÄHRWERTE JE PORTION 1310 kJ – 312 kcal – 10 g Protein – 37 g Kohlenhydrate – 35 g Zucker – 15 g Fett – 9 g gesättigte Fettsäuren – 0 g Ballaststoffe – 140 mg Natrium

GESUNDHEITSTIPP Trotz ihres hohen Fettanteils sind Kakaobohnen sehr nährstoffreich; sie enthalten Proteine, einige B-Vitamine und Spurenelemente wie Eisen und Magnesium. Durch den Zuckergehalt kann Kakao einen kurzen Energieschub liefern. Er sollte in Maßen genossen werden.

Register

Bild- und Textnachweis

HERAUSGEBERIN Nicky Hill

LEKTORIN Leanne Bryan und Ruth Hamilton

GESTALTUNG Karen Sawyer

DESIGNER Janis Utton

HERSTELLUNGSLEITER Manjit Sihra

FOTOGRAFIE Emma Neish / © Octopus Publishing Group Ltd

FOOD STYLIST Sunil Vijayakar

PROP STYLIST Liz Hippisley